KB017696

이공계 취업 마스터키

이공계 취업 마스터키

초판 1쇄 인쇄 2023년 1월 16일
초판 1쇄 발행 2023년 1월 31일

지은이 안선형
펴낸이 이범상
펴낸곳 (주)비전비엔피 · 비전코리아

기획편집 이경원 차재호 김승희 김연희 고연경 박성아 최유진 김태은 박승연
디자인 최원영 한우리 이설
마케팅 이성호 이병준
전자책 김성화 김희정
관리 이다정

주소 우)04034 서울시 마포구 잔다리로7길 12 (서교동)
전화 02)338-2411 | **팩스** 02)338-2413
홈페이지 www.visionbp.co.kr
인스타그램 www.instagram.com/visionbnp
포스트 post.naver.com/visioncorea
이메일 visioncorea@naver.com
원고투고 editor@visionbp.co.kr

등록번호 제313-2005-224호

ISBN 978-89-6322-200-4   13320

도서에 대한 소식과 콘텐츠를
받아보고 싶으신가요?

이공계 취업 마스터키

이공계 취준생이 가장 궁금한 36가지 질문

안선형 지음

비전코리아

이공계 취업의 경우 직접 경험해봐야 제대로 알 수 있지만 실제 경험이 있어도 잘 전달하기가 힘든 것이 이공계 취업 지도입니다. 《이공계 취업 마스터키》는 이 2가지 어려움을 모두 반영하여 저자의 실제 코칭 경험을 완벽하게 나타냈다고 생각합니다. 취업 준비가 어렵고 앞이 막막하다고 느끼는 이공계 취업준비생이 가장 먼저 읽어야 하는 최고의 취업 가이드가 될 것으로 생각합니다.

김준호 _ 렛유인에듀 대표

취업 컨설턴트를 하면서 회사 경험의 중요성을 느낍니다. 현장의 리더들이 선호하는 인재상을 바탕으로 제대로 된 컨설팅이 가능하기 때문입니다. 오랜 회사 경험과 직무 경험, 그리고 다양한 취준생을 컨설팅해준 경험에서 안선형 선생님은 독보적입니다. 이 책에서 제시한 6개의 마스터키_마인드셋, 정보 분석, 지원 동기, 자기 이해, 직무 적합성, 조직 적합성 관점에서 실행하면서 서류전형과 면접이라는 자물쇠를 여는 실력을 갖출 수 있습니다.

피상적인 취업 스킬을 익히면 서류 통과는 가능하지만, 면접 합격은 불가능합니다. 6개의 마스터키를 통해 치열하게 노력해온 과정을 진솔하게 전달하는 것이 면접 합격의 열쇠입니다. 안선형 선생님이 강조한 '취업 전쟁에서 경쟁 상대는 나 자신이다.'라는 말에 저도 공감하며 응원의 박수를 보냅니다.

나상무 _ 나상무 취업드림연구소, 전 삼성그룹 인사담당 임원 취업을 희망하며 많은 것을 준비하는 이공계 취준생에게 등대 같은 역할을 할 살아 있는 교본이 아닐까 싶습니다. 직면한 문제 해결뿐 아니라 남다른 전략과 차별화된 준비를 할 수 있는 취업 준비 정본입니다. 면접관에게는 신선한 반응을, 취준생에게는 당당한 자신감으로 생각 정리를 통해 원하는 취업에 성공할 수 있는 길라잡이로 추천하고 싶습니다.

김경훈 _ 현 이녹스첨단소재 대표이사, 전 삼성SDI 전무

현직 시절 임원으로서 신입사원 면접을 볼 때마다 아쉬운 점은 본인의 역량이 충분한데도 불구하고 제대로 표현하지 못하는 경우였습니다. 안선형 대표가 제시한 6개의 마스터키는 실제 합격 판정을 내릴 수 있는 중요한 내용입니다. 전문가의 도움이 취준생에게는 절실하다고 생각합니다. 부디 이 책으로 취업에 성공하시기를 기원합니다.

이학재 _ 롯데마트 자문역, 전 영업본부 상무

취업 준비를 잘해야 한다는 것은 대부분 알지만, 모두가 잘하는 것은 아닙니다. 안선형 선생님은 이공계 취업준비생이 어떻게 취업 준비를 해야 합격이라는 결과를 얻는지, 과거에 왜 취업에 성공하지 못했는지, 실패했다면 무엇이 문제인지를 실제 사례를 바탕으로 꼼꼼하게 기록해두었습니다.
취업을 시작하면서 지녀야 할 '마인드셋'부터 '최종면접'까지 모든 과정을 세세하게 담았기에 취업의 방향성을 잡는 데 부족함이 없습니다. 정확한 자기진단과 목표를 세우고 필요한 역량을 준비한다면 사례에 나오는 이공계 취업준비생과 같이 합격의 결과를 얻을 수 있습니다. '카더라'가 아닌 대기업 엔지니어 출신이 제공하는 정보를 습득하여 올바른 방향으로 취업 준비를 하기 바랍니다. 이공계 취업을 준비하고 있는 분이라면 이 책을 꼭 읽어보시길 권합니다. 이 책으로 합격이라는 결과를 얻어내길 기원합니다.

천세만 _ SK하이닉스 엔지니어, 전 삼성디스플레이 엔지니어

서문

마스터키는 모든 자물쇠를 열 수 있다. 여행이나 출장 중에 가끔 호텔 키를 룸에 두고 외출할 때가 있다. 그럴 때마다 프런트에 요청하면 마스터키를 갖고 와서 문을 열어준다. 마스터키는 이런 어려운 상황을 벗어나게 해주는 유용한 해결사다.

이공계 전공 취업준비생들은 취업이 어렵다는 말을 자주 한다.

"자기소개서에 무슨 내용을 써야 할지 모르겠어요."
"내가 썼는데도 잘 읽히지 않아요."
"소재를 어떻게 정리할지, 주제를 무엇으로 정할지 모르겠어요."
"면접위원이 몇 번씩이나 기회를 줬는데도 대답을 못 했어요."

"질문을 받았는데 생각이 안 나서 말을 많이 더듬었어요."
"자신이 없어서 그런지 대답할 때 말끝을 자꾸 흐려요."

인터넷 카페, 블로그, 유튜브 등에는 취업 정보가 차고 넘친다. 취준생은 필요한 정보를 여기저기서 모은다. 정보 양은 많을수록 좋다. 하지만 정보 중에 쓸 만한 것과 버려야 할 것을 반드시 구분해야 한다. 정보는 양보다 질이다. 또한 분석한 정보를 '어떻게' 활용할 것인지가 중요하다. 하나 더 덧붙이자면 취준생 자신의 실행력이야말로 성공으로 향하는 길이다.

이공계 성공 취업을 위해서는 6개의 마스터키가 필요하다

이 책에서 소개하는 내용은 이공계 취준생뿐만 아니라 다른 계열 전공자도 참고하면 도움이 될 것이다. 1부에서 7부까지 취업을 준비할 때 가장 궁금한 질문과 답변으로 구성하여 마스터키의 주제를 정했다.

· 마인드셋
· 정보 분석
· 지원 동기
· 자기 이해
· 직무 적합성
· 조직 적합성

취업을 준비하면서 많이 들어본 단어일 것이다. 하지만 각각 구체적으로 무엇을 의미하고 어떤 내용인지 깊이 생각해본 취준생은 많지 않은 게 현실이다. 책에 나오는 사례는 특별히 새로운 것을 알려주기보다는 주로 넛지(Nudge, '팔꿈치로 쿡쿡 찌르다'라는 뜻으로 자율적인 개입 혹은 간섭을 뜻한다. 사람들을 바람직한 방향으로 유도하고, 올바른 선택을 하도록 돕는다)를 통해 스스로 문제를 해결하도록 코칭했던 경험을 나누는 내용이다.

화학공학을 전공하고 1년이 넘도록 취업에 실패한 민영 군은 석사 졸업 후 대기업 몇 군데에 지원했다. 결과는 모두 탈락이었다. 같은 연구실 선배와 동기는 취업에 성공했는데 자신은 그렇지 못했다. 반복되는 실패에 자존감은 바닥까지 떨어졌다. 몇 번씩이나 포기하고 싶은 생각이 들기도 했지만, 계속 도전했고 이듬해 상반기에 L사 최종 면접까지 가게 되었다.

이공계를 전공한 신입사원은 주로 엔지니어와 연구개발 직무에 지원한다. 그러다 보니 전공 지식 위주로 준비하는 경향이 강하다. 하지만 취업의 관문은 단순히 전공 지식만으로 극복할 수 있는 게 아니다. 전공 지식 외에 조직 적합성과 관련된 부분이 중요하다. 이 책에서는 지식보다 정성적인 내용을 다뤘다. 대부분의 기업이 신입사원을 선발할 때 가장 중요하게 평가하기 때문이다. 이에 민영 군이 합격할 수 있도록 다음과 같이 제안했다.

"연구 과제의 핵심이 무엇인지 먼저 요약해봅시다."
"어떻게 하면 면접위원을 민영 군의 편으로 만들 수 있을까 연구해봅시다."
직무면접은 본인이 연구한 3개의 과제 중 회사에서 관심을 가질 만한 주제 하나만을 선정해 대비하기로 했다. 연구 주제를 입사 후 어떻게 응용할 것인지에 대한 아이디어도 정리하게 했다. R&D 직무는 연구 범위가 넓기도 하지만 깊이도 있어 연구 수행 역량을 중요하게 평가한다.

민영 군은 자기주장이 강한 성향이라 먼저 스스로 마인드셋을 바꾸도록 유도했다. 자신이 말하고 싶은 내용보다 면접위원이 무엇을 듣고 싶은지 생각하도록 했다. 그리고 빠른 말투와 전투적인 인상을 부드럽게 바꾸자고 주문했다. 면접 볼 때 수용성 있는 태도와 적응력은 중요한 평가 요소다.

인성면접(임원면접)은 직무 적합성과 조직 적합성, 대인관계 역량을 보여주는 내용으로 정리했다. 평범한 나열식 답변 방식보다는 면접위원의 질문을 뛰어넘도록 지도했다. 결과는 합격이었다. 여러 차례 실패를 겪은 후 얻어낸 값진 성공이었다.

마스터키는 취준생인 자신이 만드는 것이다

민영 군의 성공에 특별한 비결은 없다. 다만 그동안 몰랐던 자신의 강점을 스스로 살려내 활용했을 뿐이다. 그게 바로 마스터키다. 6개의 마스터키를 여러분도 스스로 찾아내 취업에 성공하기를 바란다. 이 책에 나오는 합격자는 삼성, SK, 현대, LG 등 대기업을 비롯해 외국계 기업과 중견기업에 입사했다. 그중 몇 명은 낮은 학점에 공백기가 길거나, 심지어 나이가 많아 유리한 조건이 별로 없었는데도 원하는 기업에 입사했다.

이 순간에도 어떻게 준비할지 막막해하는 취준생들에게 이렇게 말해주고 싶다.

"저 친구도 하고 이 친구도 하는데, 나라고 안 될 게 뭐 있나?"

도전해서 안 되는 일은 없다. 단지 시간이 걸릴 뿐이다. 취업 전쟁에서 경쟁해야 하는 상대는 타인이 아니라 나 자신이다. 1년, 2년이 걸리더라도 입사하겠다는 일념으로 반드시 해내는 취준생을 가까이서 지켜보았다. 버텨내는 시간은 고통스러웠겠지만 결국은 해냈다.

책의 내용은 언제, 어디서나 부담 없이 읽을 수 있도록 구성했다. 취업 준비가 처음이거나 다시 도전하는 이들이 용기 내기를 바라는 마음으로 썼다. 이공계 취준생이 가장 궁금한 36가지 질문을 중심으로 취업 전략 수립 방법, 자기소개서 작성 방법, 면접 대응 방법 등을 다뤘다. 물론 동기부여를 받을 수 있는 내용도 있다. 순서와 상관없이 아무 데나 펼치면 민영 군과 비슷한 어려움을 겪은 이들의 사례가 다양하게 나온다.

부디 이 시대의 청년들이 이 책을 읽고 세상을 향해 당당하게 일어설 힘을 낼 수 있다면 더 바랄 것이 없다.

5부 직무 적합성

6부 조직 적합성

7부 자주 받는 질문

부록

1부

마인드셋

1장

합격하고 싶습니다,
무엇부터 해야 하나요?

이공계 취준생을 만나면 먼저 어떤 어려움이 있는지 물어본다. 답변 내용을 들어보면 취업하기 위해 무엇을 어떻게 하고 있는지 파악할 수 있다. 이야기를 다 듣고 나면 지금까지 준비한 내용을 요약해서 다시 한 번 확인한다. 그리고 취업에 성공하기 위해 리셋(reset)을 권하면서 해야 할 일 3가지를 제시한다.

1. 고정관념에서 벗어나자.
2. 사고방식을 바꾸자.
3. 생각을 정리하자.

고정관념 탈피

이공계 취준생을 가장 괴롭히는 고정관념 중 하나가 바로 '스펙'이다. 스펙이 좋으면 취업에 성공할 거라는 막연한 생각이다. 하지만 실제로 기업은 지원자를 스펙으로 평가하지 않는다. 스펙이 지원자의 역량을 보여주는 디자이너, 소프트웨어(SW) 개발자 같은 특수한 직무는 예외일 수 있다. 취준생 대부분은 스펙을 쌓기 위해 직무교육, 프로젝트 경험, 대외활동, 공모전, 인턴십, 외국어 등 할 수 있는 건 다 하려고 한다. 마치 백화점에서 쇼핑하듯이 말이다. 하지만 지원하는 회사에 해당하는 산업이나 회사의 규모, 직무의 특성에 따라 스펙에 대한 생각이 다르다. 채용 담당자들은 대부분 다음과 같이 말한다.

"회사는 지원자의 스펙을 믿지 않습니다."

다른 말로 하면, 취준생의 스펙이 합격의 결정적인 요소는 아니라는 뜻이다. 공무원과 공공기관을 포함한 공기업에서는 '블라인드 방식'이 이미 채용의 기본으로 자리 잡았다. 대기업도 계열사와 직무에 따라 차이가 있지만 이전(2000년 전후)보다는 완화된 기준으로 취준생의 응시 기회를 넓혀 왔다.

그저 막연히 시간을 투입하고 노력하면 합격할 것으로 생각하는 취준생이 많다. 거듭 탈락을 경험하면서도 원인 분석을 충분히 하지 않아 과거에 해오던 취업 준비(전공 공부, 직무 지식, 인턴 활동, 외부 교육 등)를 반복한다. 각 전형 단계에서 불합격한 원인을 분석하기는 쉽지 않다. 어느 회사에서도

전형 과정을 알려주지 않기 때문이다. 어떤 기업은 면접을 종료하면서 피드백을 한다고 하는데, 참고할 만한 내용은 아니다. 피드백은 실무에서 장기간 보여준 수행 능력과 성과라는 분명한 지표가 있을 때 가능하다. 면접은 단순히 구간별 계량화된 점수에 비정형적인 요소, 즉 면접위원의 정성적인 평가로 이루어진다.

고정관념에서 벗어나는 방법은 단순하다. '카더라' 통신에 의존하지 않으면 된다. 일단 검증되지 않은 정보는 버려야 한다. 상식과 어긋나는 비결은 없다. 스스로 사실 여부를 가려내는 통찰력을 키워야 한다. 필요한 정보와 가공된 정보를 구분하는 안목을 갖추어야 한다.

사고방식 전환

사고방식은 지적 수준과 실행 능력을 가늠하는 척도가 되기도 한다. 여기서 말하는 지적 수준은 학교에서 배우는 정형화된 지식만을 의미하지 않는다. 사물을 해석하는 능력, 지식을 응용하는 능력을 뜻한다. 기업에서는 항상 '문제 해결'이라는 과제를 처리한다. 목표를 달성하여 성과를 내는 과정에서 해결해야 할 문제가 항상 발생하기 때문이다. 학교에서는 정해진 답을 가지고 평가받는다. 하지만 사회는 다르다. 경영 목표를 달성하기 위해 연구개발 활동을 지속하여 제품과 서비스를 제공하는 과정에서 발생하는 문제에 대해 '정답'이 아닌 '해답'을 도출하여 가장 효율적인 방법으로 일을 처리한다.

아르바이트의 경험을 떠올려보면 사고방식의 전환이 무엇인지 쉽게 이해할 수 있다. 대체로 일을 수행하다 보면 생각지도 못한 문제가 벌어지기도 한다. 일을 잘하는 사람은 문제의 원인을 파악하여 가장 효율적인 방법으로 해결한다. 사고방식이 유연하지 않으면 없는 정답을 찾느라 일머리가 부족하다는 평가를 받는다. 학교 공부에는 하나의 정답이 있지만, 사회에는 여러 해답이 존재한다. 업무 수행에 적합한 사고방식이 필요한 이유다.

생각 정리

회사라는 조직에서 시키는 일만 잘하면 되던 시절이 있었다. 2차산업이 한창이던 경제부흥기에는 속도와 조직력이 경쟁력의 근간이었다. 부여받은 업무를 부지런히 수행하면 유능하다는 평가를 받았다. 하지만 수십 년이 지난 지금은 예전과 같지 않다. 첨단 기술이 고도화되고 업무가 세분화되면서 요구되는 전문지식과 기술의 수준은 나날이 높아지고 있다. 담당자 혼자 처리하는 업무는 줄어들고 대부분 팀워크로 프로젝트를 수행한다. 여기서 요구되는 것이 의사소통 역량이다.

이공계 취준생들은 단순히 말을 잘하는 것이 의사소통 능력이라고 오해한다. 의사소통은 대화 능력 외에 큰 틀에서는 분석력, 전달력, 설득력, 응용력을 종합적으로 포함한다. 이 4가지는 취업 과정뿐만 아니라 입사해서도 직장생활을 이어나가는 데 필요한 능력이다.

생각하는 힘을 키우기 위해서는 독서와 글쓰기가 큰 도움이 된다. 책으로 접한 정보는 종류와 특성에 따라 뇌 속에 저장된다. 저장된 정보를 끄집어내서 사용할 때는 자신의 언어로 전달해야 하는데, 이 과정에서 내용을 해석하고 핵심을 요약하여 가공하는 능력이 필요하다. 이때 생각을 구체화하는 과정이 글쓰기다. 글쓰기 역량은 특히 지원서와 자기소개서를 쓸 때 필요하다. 지원서는 대체로 정해진 항목을 채우는 것으로 큰 어려움이 없다. 하지만 자기소개서 작성은 쉽지 않다. 자기소개서는 자신이 하고 싶은 이야기보다는 채용 담당자가 원하는 내용을 전달해야 한다. 말하기에서도 생각 정리가 제대로 되어야 상대방을 설득할 수 있다.

취업에 성공하기 위해서는 리셋을 해야 한다. 고정관념 탈피, 사고방식 전환, 생각 정리를 처음부터 다시 가다듬고 시작하면 나만의 취업 전략을 수립하고 실행할 수 있다.

2장

취업 준비의 기본은
무엇인가요?

이공계 취준생의 어려움을 듣고 나서 두 번째로 묻는 것이 어느 기업의 무슨 직무를 목표로 준비하느냐이다. 답변은 사람마다 각각 다르지만, 일반적인 범주로 나누면 다음과 같다.

"그냥 채용 공지 나오는 대로 쓰고 있습니다."
"대기업이요. 삼성도 쓰고, SK도 쓰고, 포스코도 나오면 무조건 씁니다."
"대기업 안 되면 다음은 중견기업에 지원하려고요."
"부모님이 대기업은 안 된다고 해서 공기업만 내고 있습니다."

꼭 어떻게 해야 한다고 정해진 것은 없다. 목표를 달성하기 위해서는 자신에게 맞는 방법을 찾아서 실행하면 된다. 수단과 방법은 본인의 선택이다. 다만 시행착오로 발생하는 시간과 비용을 줄이는 방안을 세워서 실행하기를 추천한다. 평소 학업 성취도가 높고 자신 있는 취준생은 나름의 계획과 방법으로 취업을 준비한다. 그렇게 해서 합격하는 사람도 있지만 그렇지 못한 경우도 많다. 어떻게 하면 취업을 스스로 계획하고, 실행 계획을 도출할 수 있는지 큰 틀에서 다음과 같이 4단계로 정리할 수 있다.

1단계 : 산업·기업·직무 분석
2단계 : 목표 설정과 실행 계획 수립
3단계 : 자기분석과 소재 정리
4단계 : 자기소개서 쓰기, 직무 적성검사 대비, 면접 말하기

지원 산업과 기업 분석, 직무 분석

이공계 취준생은 자신이 어떤 산업군에 속한 기업에 지원할지 탐색해야 한다. 또한 각 기업에서 무슨 직무를 수행할지 결정해야 한다. 요즘은 기업에서 채용할 때 직무 적합성을 중요하게 여긴다. 예전처럼 공채로 한 번에 선발해서 직무를 나누는 기업은 거의 없다. 직무 단위로 신입사원 채용 공지를 낸다. 본인의 전공, 관심, 흥미, 역량뿐만 아니라 산업과 기업의 발전 가능성을 고려하여 기업과 직무를 정해야 한다. 직무는 3가지 기준에 비추어 선택하면 된다. 잘하는 일, 좋아하는 일, 하고 싶은 일이 무엇인지 깊이 생각하고 정해야 한다.

기업에 관한 내용은 주로 금감원 전자공시 사이트(https://dart.fss.or.kr/)

와 각 기업의 홈페이지나 SNS를 참고한다. 산업 관련 정보는 산업군을 대표하는 협회와 신문 기사, 증권사 보고서 등을 이용하면 큰 노력을 들이지 않고도 파악할 수 있다. 다만 직무와 관련한 내용은 채용 공지에 나오는 직무기술서를 활용하고, 각 기업의 브이로그나 유튜브로도 알 수 있다. 관련 협회나 외부 기관에서 교육 프로그램을 운영하기도 한다. 취준생의 니즈에 따라 선택하면 된다. 다만 비용이 많이 발생하는 경우에는 온라인 교육이 유용하다.

목표 설정과 실행 계획 수립

목표를 정했으면 실행 계획을 세워야 한다. 목표를 달성하기 위해 무엇을, 어떻게, 언제까지 할 것인지 계획을 짠다. 이 과정에서 자기분석이 필요하다. 자신의 현 상황을 알아야 목표를 달성하는 데 필요한 자원과 시간을 효율적으로 배분할 수 있다. 이 단계에서 1순위는 반도체, 2순위는 건설업, 3순위는 유통업과 같이 연관성이 적거나 전혀 없는 것으로 정하기보다는 서로 유사하거나 관련 있는 산업으로 정하기를 추천한다. 기업이나 직무도 마찬가지다. 같은 산업 내에 속하거나 유사한 기업과 직무를 우선순위로 선택해야 한다.

자기 분석 및 소재 정리

자기분석은 자신의 현 위치, 즉 취업하는 데 필요한 자질과 자격 요건을 갖추고 있는지 객관적으로 진단하는 과정이다. 기업에서 신입사원을 채용할 때 직무 적합성, 조직 적합성, 대인관계 역량 등 세 부분을 고려한다. 취준생을 지도할 때 인용하는 말이 있다.

"취업 준비는 지금까지 살아온 지난날을 되돌아보는 일이다."

취업 준비는 들어가고 싶은 기업에 나를 보여주는 것으로 시작한다. 자신의 마음, 행동, 의지, 양심을 가공해서 표현할 사람은 없을 것이다. 자기 자신을 잘 설명하기 위해서는 먼저 자신의 인생을 돌아봐야 한다. 가끔 다음과 같이 말하는 취준생도 있다.

"저는 학창 시절에 별 활동을 하지 않아서 언급할 만한 소재가 없습니다."

별로 활동하지 않은 것이 아니라 자기 자신을 마주할 용기가 없는 게 아닐까. 합격한 이들 중에 대학 4년 내내 공부에만 몰두하느라 대외활동이 전혀 없어서 고교 시절의 활동 내용을 기술한 지원자도 있었다. 소재를 정리할 때 자신이 한 활동을 '~을 경험했다', '~을 학습했다', '~을 배웠다' 등으로 나열하기보다 이러한 활동을 한 결과로 '~을 할 수 있다', '~을 하겠다', '~에서 성과를 낼 수 있다' 등으로 표현하면 지원자의 역량이 무엇인지 보여줄 수 있다. 기업은 지원자가 무엇을 했는지보다 무엇을 할 수 있는지에 관심을 두기 때문이다.

자기소개서 글쓰기, 직무 적성검사, 면접 말하기

기업마다 차이는 있지만, 허들식으로 채용하는 기업이 있고, 합산식을 채택하는 기업이 있다. 허들식은 대체로 1차 서류전형, 2차 적성검사, 3차 면접전형 순으로 진행하는데 요즘 적성검사를 제외하는 기업이 늘고 있다. 합산식은 1차 필기시험으로 일정 인원을 선발한 후에 2차 면접을 시행하고 1차와 2차 전형의 점수를 합산하여 합격자를 결정하는 방식이다. 대기업 등 민간 기업은 허들식, 공기업, 공공기관, 공무원 등은 대체로 합산식으로 채용한다.

최근 많은 기업이 공채보다는 수시채용, 상시채용을 운용하기 때문에 서류전형, 즉 자기소개서의 중요성이 더 커지고 있다. 각 부문이나 사업부의 직무 단위로 채용이 진행되면서 서류 단계에서 적합한 인재를 선별하기 위해 노력한다. 매년 경영 계획을 수립할 때 직무별로 충원 계획을 세우기 때문에 즉흥적으로 인원을 많이 뽑거나 적게 뽑는 일은 없다. 오히려 적재적소의 인재를 채용하기 위해 선별 과정에 더 공을 들이기 때문에 이전보다 서류 합격이 어려워졌다. 기업은 지원자의 스펙에 큰 비중을 두기보다 자기소개서 작성 능력, 즉 문서 작성 능력을 중요하게 본다. 기업의 의사소통 역량은 문서에서 드러나기 때문이다. 기업의 모든 공식적인 의사소통 도구는 문서다. 실제로 현업에서 성과를 내는 사람은 문서 작성 역량이 뛰어나다는 공통점이 있다.

취업의 성공 여부는 최종 관문인 면접에 달렸다. 지원자의 얼굴을 직접 보고 면접위원이 합격 여부를 결정하는데 여기서도 의사소통 역량이 중요하다. 글쓰기든 말하기든 의사소통 역량의 기본은 생각 정리에서 비롯된다. 한 회사 면접에서 여러 차례 실패하다 합격하는 사례가 많은데 이는 단지 언변이 나아져서가 아니라, 면접위원과 대화가 제대로 이루어졌기 때문에 성공했다고 볼 수 있다. 말을 잘하기보다는 질문의 요지를 파악하고 정확하게 대응하는 답변을 제시해야 한다.

지금까지 간략하게 제시한 4단계는 취업 준비의 기본이다. 양식은 어떻게 만들어도 상관없다. 다만 취준생이 목표를 세우고 달성하기 위한 전략을 잘 정리할 수 있으면 된다. 가장 중요한 것은 면접이기 때문에 무엇을 어떻게 전달할 것인지를 생각해야 한다. 취업 준비의 최종 목적은 질문 분석, 논리적 사고, 전달 능력, 설득 능력을 확보하는 것이다.

3장

학벌과 학점이
취업의 성공 여부를 결정하나요?

이공계 취준생들에게 '스펙' 하면 가장 먼저 떠오르는 단어는 아마도 출신 학교, 전공 학점, 나이, 영어 점수 등일 것이다. 이 3가지 중에 영어 점수는 본인의 노력에 따라 바꿀 수 있다.

학벌이 좋고 학점이 높으면 일에서도 성과가 좋을 거라고 여겼던 시절이 있다. 하지만 지금은 상황이 많이 달라졌다. 첨단 과학이 발전하면서 산업 분야가 다양하게 늘어나고 규모는 이전과 비교할 수 없을 만큼 성장했다. 따라서 직무도 고도화, 세분화하여 제너럴리스트보다 스페셜리스트, 즉 전문가를 요구하는 추세다. 명목상의 스펙보다는 실질적으로 직무 적합성이 높은 사람을 선호한다는 의미다.

'자충수펙'이라는 말이 있다. 바둑에서 유래한 '자충수'와 '스펙'을 합쳐서 만든 신조어다. 취업에 성공하기 위해 이런저런 자격증을 따거나 활동을 하지만 채용에 도움이 되지 않는 스펙을 일컫는다. 스펙을 민감하게 생각하는 이공계 취준생들이 많다 보니 생겨난 현상이다. 우스갯소리로 만든 말은 아닌 듯하다. 다만 치열한 취업 현실의 이면을 보여주는 것 같아 씁쓸하다.

한때 취업 스펙 N종 세트라는 말이 돌기도 했다. 요즘은 정도가 덜하지만 아직도 스펙 쌓기에 열심인 취준생이 적지 않은 것도 사실이다. 실제로 취준생이 신경 쓰는 대표적인 스펙 9종 세트를 정리하면 다음과 같다.

1. 학벌
2. 학점
3. 외국어 점수
4. 어학연수
5. 자격증
6. 공모전 입상
7. 인턴 경력
8. 사회봉사 활동
9. 성형수술

기업의 인사 담당자들은 자격증, 한국사 자격증, 극기·이색 경험, 봉사 활동, 아르바이트 등을 불필요한 스펙으로 언급한다. 반면 필요하다고 생각하는 스펙은 직무와 관련된 자격증, 컴퓨터 활용 자격증, 인턴 경험 등을 꼽는다. 이처럼 직무와 연관성이 높거나 실무에 필요한 역량을 검토한다. 직무 적합성을 중요시하는 추세를 반영한 결과다. 하지만 좋은 스펙이라도 직무와 연관 없으면 불필요하다.

지원자가 어느 학교 출신인지 별로 관심이 없다

　삼성을 비롯한 대기업은 인재를 확보하기 위해 출신 학교, 학점, 나이 등에 제한을 두지 않은 지 오래다. 무한경쟁 시대에는 과거에 잘한 것보다 앞으로 잘할 수 있는 잠재 역량이 중요하다. 혁신 기업으로 분류되는 IT 기업들은 학력, 전공, 나이와 관계없이 프로그래밍 테스트와 면접으로 신입사원을 채용한다. 기업의 채용 방식을 이해하면 스펙은 실제로 크게 신경 쓰지 않아도 되는 것이 대부분이다. 다음은 대표적인 5대 그룹의 채용 프로세스다.

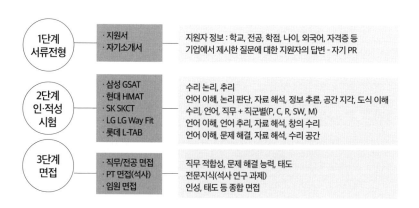

　1단계 서류전형에서는 지원서와 자기소개서 내용을 바탕으로 후보자를 선발한다. 지원서로 직무 연관성을 검토하고, 자기소개서를 통해 지원자에 관해 자세한 내용을 검토한다. 대졸 신입사원을 대상으로 선발하는 경우 대학 편입 등으로 고민하는 취준생도 있는데, 크게 염려할 필요 없다. 이 단계에서 합격 여부는 지원서와 자기소개서의 내용이 채용 담당자를 어떻게 설득하느냐에 달려 있다. 공기업이나 공공기관을 제외한 민간 기업은 서류전형에서 1차로 합격한 후보자에게 그다음 단계인 직무 적합성 테스트를 응시할 자격을 준다.

2단계 인·적성시험에서는 각 기업이 개발한 방법으로 지원자의 직무 적합성을 판단한다. 지원자가 직무를 수행할 수 있는 지적 역량을 갖췄는지 판단하는 것이다. 2단계까지 통과한 후보자는 서류와 평가 결과로만 볼 때는 해당 기업의 직무를 담당할 역량이 있다고 객관적으로 인정받는 셈이다. 최소한의 지식과 경험, 2가지 면에서 그렇다는 의미다. 여기까지 통과한 지원자들은 면접이라는 큰 벽을 넘어야 한다.

3단계는 실제로 지원자가 면접위원들과 마주해야 하는 최종 관문이다. 직무면접에서는 전공 관련 질문 등을 통해 지원자의 직무 적합성을 파악한다. 하지만 여기서도 지원자의 인성을 알 수 있는 태도와 비언어적인 행동 등을 관찰한다. 면접전형을 1, 2차로 나누어 치르는 기업은 1차 면접을 통과하지 못한 경우에 곧바로 탈락시켜 2차 면접의 기회를 주지 않는다. 반면 하루에 통합으로 치를 경우 직무면접과 인성면접의 결과를 합산하여 평가한다.

지금은 21세기, 시대에 맞는 사고방식으로 준비하라

1단계에서 3단계까지 살펴봐도 출신 학교로 지원자를 평가하는 항목은 어디에도 없다. 한때 기업 인사팀에서 학교를 등급별로 나누어 관리하던 시절이 있었다. 지금도 계열사나 직무에 따라 선호하는 학교와 전공이 없다고는 말하기는 어렵다. 그렇다고 해서 소위 '스펙'을 기준으로 지원자의 당락을 좌지우지한다고 생각하는 건 지나친 비약이다. 그러니 스펙으로 고민하는 취준생이 있다면, 아무 염려하지 말고 목표에만 집중하기를 바란다.

4장

스펙이 좋아야
삼성에 합격할 수 있나요?

수도권의 모 대학교에서 취업 관련 강의를 진행했다. 학교에서 취업률을 높이기 위해 한 학기 동안 재학생과 졸업생을 대상으로 진행한 프로그램이었다. 취업 전략 수립, 자기소개서 작성, 면접, 산업 안내와 직무 분석 등 취업에 필요한 내용으로 커리큘럼을 구성했다. 강의 중에 태원 군이 아래와 같은 질문을 했는데 후에 삼성전자에 입사했다.

"선생님, 회사는 신입사원을 뽑을 때 출신 대학을 봅니까?"

"그게 왜 궁금하죠?"

"학교 선배들이 삼성 같은 대기업에 입사하는 걸 본 적이 없어서요."

"그럼 왜 삼성에 다니는 선배들이 없는지 생각해봤나요?"

"기업에서 우리 학교 출신을 안 뽑아서 그런 거 아닌가요?"

"글쎄요, 그렇다기보다는 선배들이 지원하지 않았기 때문일 겁니다."

지금은 기업이 채용 과정에서 조금이라도 불공정하거나 불합리하게 처리하면 언제든지 공론화할 수 있는 시대다. 기업은 채용을 공정하게 진행한다. 취준생은 소위 스펙으로 출신 대학을 언급하는데, 너무 신경 쓸 필요 없다. 지원자와 합격자의 프로필은 대외비이며 인비(人秘)로 취급하여 담당자 외에는 열람이 불가하다. 신입사원의 프로필이 외부로 알려진 사례는 없다. 다만 유추는 가능하다. 합격한 수강생들의 프로필만 봐도 출신 대학을 스펙으로 논하는 건 큰 의미가 없다.

기업은 사회 여론이나 정부의 요청에 따라 채용 제도를 변경하는 것이 아니다. 기업 인사팀은 직원의 업무 성과와 관련된 수많은 요소를 분석하여 채용 시스템을 개선, 보완, 설계한다. 그 결과물이 지금 각 기업이 운영하는 채용 시스템이다. 서류전형에서는 문서상의 정보를 기반으로 지원자의 자격과 자질을 분석하고 평가한다. 기업은 실사구시(實事求是)를 추구하기 때문에 취준생들이 생각하는 만큼 스펙을 중시하지 않는다.

인사 담당 임원은 지원자의 잠재 역량을 중요하게 본다

지금까지 지도한 이공계 취준생은 삼성, 현대, SK, LG, 롯데, 한화, 포스코 등 다양한 그룹 계열사를 비롯해 외국계 기업과 중견기업 등에 재직하고 있다. 이들의 출신 대학은 해외까지 포함하여 전국구로 다양하다. 학점은 4점 이상도 많고 낮은 학점까지 골고루 분포한다. 연령대는 요즘 취업이 늦어져서 그런지 20대 후반의 합격자도 적지 않다. 종종 30대도 있다.

물론 기업과 직무에 따라 상황이 다를 수 있지만, 이 범주를 벗어나는 사례는 많지 않으리라 여겨진다.

몇 년 전 삼성, 현대, SK, LG 4대 그룹 인사 담당 임원이 서울의 모 대학교 초청으로 학생들과 간담회를 개최한 적이 있다. 실제 사례를 열거하며 각 그룹사의 채용 정책에 관해 설명했다. 그중 스펙, 학점, 나이가 채용과 연관 있느냐는 질문에 그렇다고 언급한 임원은 단 한 명도 없었다. 오히려 지원자의 가치관, 역경 지수, 진솔함, 직무 역량, 인성 등 실제로 조직 생활의 성과와 밀접하게 관련 있는 정성적인 내용을 강조했다.

공기업, 공공기관, 공무원 조직은 2017년부터 블라인드 방식을 도입했다. 출신 학교, 전공, 결혼 여부, 출신 지역, 병역 등 채용 담당자가 선입견을 가질 만한 내용은 서류심사와 면접전형에서 공개하지 않는다. 대기업은 블라인드 채용제도를 전면적으로 도입하고 있지는 않지만, 스펙을 중시하는 경향이 예전보다 많이 완화되었다. 삼성그룹은 2015년 하반기부터 4.5점 만점에 3.0점 이상만 지원할 수 있던 학점 제한 기준을 철폐했다. 낙제 경험이 있어도 지원할 수 있다는 의미다. 일반적인 것은 아니지만 실제로 학점이 저조한 지원자가 최종 면접까지 가거나 최종 합격하는 경우도 종종 있다. 한 학기 낙제로 유급했거나 학점이 낮다고 해서 서류전형에서 탈락시키지 않는다는 의미다.

대기업 A사의 인사팀장 S 임원의 말을 빌리면, 스펙이 좋고 학점이 높은 지원자를 선호하는 건 사실이지만 참고 사항으로 활용할 뿐, 스펙 자체만을 당락의 요건으로 삼지 않는다고 한다. 또한 재직자의 데이터를 분석해 보면, 스펙과 학점이 업무 수행 역량과 성취도에 미치는 연관성이 그리 높지 않다는 것이다.

지금은 M세대가 실무에서 중추적인 역할을 담당하고 Z세대가 신입사원으로 들어오는 시대다. 그만큼 사회구조가 많이 변하면서 산업화시대의 상징인 상명하복, 수직 조직, 연공서열, 학벌 문화 등이 사라지고 있다. 그 대신 계층 단순화, 성과 위주의 발탁 인사, 수평 조직으로 바뀌면서 이전보다 창의성과 문제 해결 능력을 중요시하는 혁신 활동이 가속화되고 있다. 이러한 변화의 분위기 속에서 채용 방식도 달라지고 있다.

출신 학교, 학점, 나이를 고민하느라 에너지를 낭비하지 말기 바란다. 바꿀 수 없는 일보다는 바꿀 수 있는 일에 집중해야 한다. 어디에 집중할 것인지는 취준생 본인의 선택이다. 그에 따라 자원과 에너지를 사용하면 된다. 인사팀이 신경 쓰는 분야를 공략해서 승부를 내야 한다. 채용 담당자가 관심도 없는 부분을 걱정하느라 시간과 에너지를 낭비하지 말기 바란다.

취업에 성공하기 위해 생각을 바꾸고 자존감을 회복하라

태원 군은 그 후로 마인드셋을 정비하고, 의사소통 역량을 강화하여 1년 만에 희망하던 삼성전자에 입사했다. 그에게 가장 큰 적은 다른 경쟁자가 아닌 자신을 바라보는 시선이었다. 그는 적극적이고 긍정적인 자아를 형성하여 자존감을 회복했다. 쓰라린 네 번의 실패를 경험하고 결국 본인이 원하는 분야의 엔지니어가 되었다.

태원 군이 취업을 준비하는 후배들에게 전해달라고 한 내용이 있다.

"같이 일하는 선배나 동료들이 어느 학교 출신인지 잘 몰라요. 그런 거에 관심을 두는 사람도 없어요. 다들 자기 업무를 수행하기 바쁘기도 하고요."

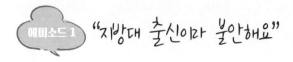 **"지방대 출신이라 불안해요"**

삼성전자 반도체 부문에서 엔지니어로 근무하는 지하 군의 이야기다. 그는 첫 강의를 하는 4시간 내내 표정이 어두웠다. 마지못해 질문에 답하기도 하고 중요한 내용이 나올 때는 받아 적기도 했다. 무엇 때문에 자신감이 눈곱만큼도 느껴지지 않는지 궁금했다. 강의를 끝내기 전에 지하 군에게 말을 걸었다.

"뭔가 고민이 있는 모습이네요."
"네……."
"고민이 뭔가요?"
"삼성에서 저를 뽑아줄지 모르겠어요."
"왜 그렇게 생각하나요?"
"제가 지방대 출신이라서요."

지하 군은 지방 국립대 공대를 졸업한 지 1년이 지났다. 프로필을 살펴보니 특이사항이 하나도 없었다. 다른 취준생과 크게 다를 바 없었다. 지방대 졸업은 크게 염려할 만한 사항이 아닌데, 이전의 실패로 자신감이 없었다. 근거는 없지만 출신 학교를 불리한 스펙으로 여겼다. 서류전형에서 몇 번 떨어졌으니 그렇게 생각할 만했다.

마침 그 학교를 졸업한 B가 떠올랐다. 글로벌 A사에 근무하고 있는 삼성 후배였다. 뛰어난 업무 수행 능력을 인정받아 A사에서 영입했다. B의 사례뿐만 아니라 삼성 TV사업의 1등 공신인 C 전무의 사례도 설명했다. 뛰어난 디자인 실력으로 해당 사업이 전 세계 1위로 올라서는 데 큰 공헌을 했다. C 전무 또한 지방대 출신이지만 두 단계 특진하여 30대 후반에 임원이 된 그룹의 핵심 인재다.

삼성은 직원들의 출신 학교 자체를 논하지 않는다. 물론 첨단 기술을 연구하는 R&D와 관련한 해외 박사급 인력을 영입할 때는 어느 학교에서 학위를 받았는지, 연구 분야가 어느 수준인지 고려하기도 한다. 삼성은 오래전부터 인재에 대한 관심이 높아 전국구로 인재를 선발해 양성하는 기업문화를 형성했다. 이유는 단순하다. 다양성이 조직의 성장에 도움되기 때문이다. 공부만 잘하는 우등생보다 호기심이 충만하고 유연하게 생각하는 다양한 경험의 지원자를 좋아한다. 이런 문화는 단지 삼성에만 국한된 이야기가 아니다. 웬만한 기업이라면 대체로 비슷한 경향이다.

지하 군은 이후로 자신의 태도를 바꿨다. 조금 시간이 걸렸지만 결국 삼성전자에 합격했다. 지금은 자신이 희망한 부서에서 엔지니어로 일하고 있다. 지하 군은 실패할 때마다 온갖 부정적인 생각이 떠오르는데 빨리 거기에서 벗어나 평정심을 유지하고 재도전하는 의지를 다지는 것이 중요하다고 강조했다.

시도하지 않는 사람에게는 어떤 기회도 주어지지 않는다. 스스로 보이지 않는 장벽을 만들어놓고 앞으로 나아가지 않는 사람이 갈 곳은 없다. 누가 못 가게 막는 것이 아니다. 최대의 적은 '어제의 나'라는 생각으로 일신우일신(日新又日新)하자. 오늘 생각을 바꾸지 않으면 내일의 나는 어제의 나에게서 벗어날 수 없다. 취업에서 다른 지원자는 경쟁자가 아니다. 어제의 자신만이 경쟁 상대일 뿐이다. 이 사실을 명심하자.

(1) 산업 선정하기 - 관련 있는 산업군으로 지망

1지망	2지망	3지망
예) ① 반도체 산업 ② 케미컬 산업	디스플레이 산업 바이오·헬스 산업	가전 산업 재료 산업

• 대한민국 20대 주요 제조 산업

1. 반도체	2. 기계	3. 자동차	4. 석유화학	5. 철강
6. 정유	7. 조선	8. 자동차부품	9. 디스플레이	10. 바이오·헬스
11. 컴퓨터	12. 무선통신기기	13. 섬유	14. 플라스틱	15. 농수산
16. 화장품	17. 이차전지	18. 정밀화학	19. 가전	20. 로봇

• 30대 그룹 주요 사업 분야

반도체	화학/바이오	이차전지	금융	전기전자
건설/중공업	유통/식품	자동차	기계/통신	엔터테인먼트

(2) 기업 선정하기(복수 선정)

1순위	2순위	3순위
예) ① 삼성전자 반도체 ② LG디스플레이	SK하이닉스 삼성디스플레이	ASML 두산전자

· 15대 그룹 계열사 현황(2022년 4월 27일 현재)

삼성	60개	포스코	38개	신세계	53개
SK	186개	한화	91개	KT	50개
현대자동차	57개	GS	93개	CJ	85개
LG	73개	현대중공업	36개	대한항공	33개
롯데	85개	농협	53개	카카오	136개

(공정거래위원회 홈페이지)

2부

정보 분석

5장

대기업에 들어가려면 인턴 경험이 반드시 있어야 하나요?

진선 양은 대학을 졸업하기도 전에 SK하이닉스에 합격했다. 서류전형과 인·적성 시험은 통과했어도 면접은 기대하지 않았다고 한다. 합격 통보를 받고도 자신이 SK하이닉스 신입사원이 된다는 사실이 믿기지 않는다고 했다. 강의 때 질문했던 모습이 떠올랐다.

"선생님, 저 취업 준비 이번이 처음이라 걱정돼요."

"뭐가 걱정인가요?"

"제가 인턴 경험이 없어서요."

"안 했으면 없는 게 당연하지요. 인턴 경험이 없는 게 왜 염려되나요?"

"인턴 경험은 꼭 있어야 한다고 들어서요."

"인턴 경험이 없어도 합격하는 친구들 많아요. 걱정하지 않아도 됩니다."

인턴 경험도 없고 학부 시절 팀 과제 프로젝트 경험도 없어서 취업에 자신 없는 모습이었다. 그러한 경험 없이도 성공한 사례를 들려주면서 불안한 마음을 달래주었다. 걱정하지 않아도 된다고 강조하면서 소재 정리에 집중하도록 했다. 인턴 경험은 있으면 좋겠지만 소재의 하나일 뿐 합격의 필요조건은 아니다. 진선 양은 그렇게 인턴 경험 없이 취업에 성공했다.

인턴십 경험 여부를 채용의 기준으로 삼는 기업은 없다

기업은 지원자의 인턴 경험의 여부로 합격, 불합격을 결정하지 않는다. 직무 관련 부분은 '직무 적합성'과 '직무 역량'을 고려한다. 직무 적합성은 전공과 경험이 해당 직무와 연관 있는지를 본다. 예를 들어 전자공학 전공자가 회로설계 직무에 지원하면 직무 적합성에서는 만점을 받을 수 있다. 하지만 전공이나 경험이 직무와 연관성이 적거나 없어도 일을 처리하는 능력으로 볼 때 충분히 해당 직무를 수행할 역량이 있다고 판단할 수 있다. 전공이나 경험이 해당 직무와 관련 없는데도 합격하는 사례는 종종 있다. 이런 경우는 본인들도 의아하게 생각하지만, 지원자의 잠재 역량을 보고 합격 판정을 내린 것이다.

진선 양은 면접을 본 경험도 없고, 자기소개서에 고등학교 시절 이야기를 주로 써서 걱정이 많았다. 이 일로 몇 번씩이나 연락해서 불안감을 호소하기에 단순하고도 명료하게 답변했다. 고교 시절 이야기라고 부담 가질 필요 없다. 면접위원의 질문 내용이 무엇인지 정확히 파악하고 구·간·명(구체적이면서 간결하고 명료하게)으로 답변하라고 했다. 또한 어떤 질문에도 당당하고 떳떳하게 일관된 태도를 유지하라고 했다. 면접위원은 태도와 조직 적합성을 집중적으로 평가하기 때문이다. 면접위원이 갓 졸업할 지원자에게 어떤 모습을 기대하는지 상상력을 발휘하면 된다.

다행히 진선 양은 지원한 직무를 잘 이해하고 있었다. 학부 시절 전공이나 연구 경험이 반도체와는 전혀 관련 없지만 어떤 일인지 잘 파악하고 있었다. 학부 시절 과제를 진행하면서 일 처리에 대한 개념이 바로잡혀 있었다. 실제 면접에서 직무 적합성보다는 직무 역량에 집중해서 면접이 진행되었다고 한다. 직무 적합성이 떨어지고 조직 적합성이 부족하다면 열심히 하겠다는 말과 태도만으로는 면접위원을 설득할 수 없다. 진선 양처럼 입사하면 자신이 어떻게 직무를 수행할지 열의를 보여주어야 한다.

직무기술서를 철저히 분석하고 활용해서 자신이 어떻게 업무를 처리할 것인지 계획을 세워야 한다. 지원하는 직무도 이해하지 못하고, 무엇을 어떻게 하겠다는 생각과 계획도 없이 그저 무난한 인상으로 합격을 기대한다면 너무나 안이한 태도다. 궁리하고 연구해야 상대방을 설득할 수 있다. 경험이 없다고 불안해하지 말고 자신의 역량을 신뢰해야 한다.

가능하면 채용전환형 인턴십에 지원하라

이공계 취준생은 대체로 4학년이 되면서 취업을 준비한다. 이때 취업과 관련하여 2가지 선택지에 맞닥뜨린다. 인턴십 지원과 신입사원 지원이다. 인턴십은 체험형과 채용전환형, 2가지다. 각각 장단점이 있으니 어느 쪽이든 지원자의 상황에 따라 선택하면 된다. 하지만 가능하면 체험형보다 채용전환형 인턴십이나 신입사원 채용에 지원하라고 추천한다. 체험형을 추천하지 않는 이유는 시간 투입 대비 얻는 성과나 역량이 미미하기 때문이다. 결정적으로 체험형 인턴을 했다고 해서 채용과 연계하는 기업은 거의 없다.

체험형 인턴십은 공기업과 공공기관, 일부 대기업과 중견기업에서 많이 활용한다. 목적은 각 기업에 따라 다르다. 채용과 연계하지 않는 방침 때문에 기업에서는 정규직 채용의 부담이 없다. 물론 근무 평가 점수에 따라 지원 시 가산점이나 우대 등의 혜택을 주는 회사도 있다. 취준생에게는 조직 생활을 경험할 수 있는 기회이기도 하다. 3개월 정도 경험하면서 직무와 조직에 대한 이해도를 높일 수 있다. 다만 실제로 원하는 직무에서 비중 있는 일을 경험하기는 쉽지 않다.

채용전환형 인턴십은 최근 대기업이나 중견기업에서 활용도가 높아지고 있다. 아예 수시채용 때 신입사원보다 채용전환형으로 인턴을 모집하는 기업이 늘고 있다. 실제로 신입사원이 필요한 부서에서 후보자를 선발하고 인턴십을 하는 동안 관찰하고 평가하여 정규직 신입사원으로 전환하는 제도다. 웬만한 대기업은 이전부터 시행하고 있다. 본인이 하기에 따라 전환될 가능성이 크다.

기업에 입사하는 데 인턴십 경험이 반드시 있어야 하는 것은 아니다. 취준생은 직무 경험이든 경제적인 필요에 의해서든 여러 가지 목적으로 인턴십을 하는데 신중하게 선별해서 지원하기를 권한다. 대기업이나 중견기업의 채용전환형 인턴십은 실제로 도움이 된다. 어떤 직무가 있는지 알 수 있고, 실제로 조직 생활을 체험할 수 있는 양질의 기회이다. 선발 과정이 정규직 신입사원과 같아서 인턴십을 마치고 나면 대체로 채용전환 면접 한 번으로 신입사원이 될 수 있다. 인턴십을 해야겠다고 생각한다면 반드시 채용전환형에 지원하기 바란다.

6장

화학 계열 전공자는
삼성전자 반도체 부문에 못 들어가나요?

화학 계열 전공자는 주로 정유사와 석유화학 기업 위주로 취업을 희망한다. 정유사는 SK이노베이션(SK에너지, SK인천석유화학), GS칼텍스, 에쓰오일(S-OIL), 오일뱅크 등이다. 석유화학 기업은 LG화학, 롯데케미칼, SK이노베이션(SK종합화학), 한화케미칼, 대한유화, 여천NCC 등 NCC(나프타 분해공장)를 운영하는 6개 회사가 대표적이다. 그 외 재료, 소재, 가스를 제조하는 화학 기업이 있다. 화학 관련 기업은 대체로 울산, 여수, 대산에 위치한 석유화학단지에 모여 있다.

화학 기업은 장치산업으로 대체로 단위공정보다 연속공정으로 이루어져 있다. 장치산업의 특징은 중앙 관제 시스템으로 모든 공정을 관리하기 때문에 소수의 전문 엔지니어가 운영한다는 것이다. 설비 규모는 크지만 많은 인원이 필요하지 않다는 의미다. 화학 기업은 1년에 많아야 두 자릿

수로 신입사원을 채용한다. 이외의 화학 계열 대기업과 중견기업에서 신입으로 채용하는 인원을 모두 합쳐도 선발 규모가 그리 크지 않다. 화학 계열 전공자가 기업으로 진출할 기회가 많지 않은 이유다.

그러다 보니 채용 규모가 큰 반도체 기업을 목표로 준비하는 취준생이 늘고 있다. 하지만 전공 과목에 반도체 관련 강의가 없어서 실제로 지원할 엄두가 나지 않는다. 게다가 화학과나 화학공학과 진로와 관련된 정보 중에 해당 전공이 반도체 분야에서 어떤 일을 할 수 있다고 구체적으로 알려 주는 내용이 부족하다. 화학 전공자들에게 다음과 같은 질문을 받았다.

화학과인데요, 삼성전자 반도체 부문에 들어갈 수 있나요?
화공과 전공입니다. SK하이닉스에 어떤 직무로 지원해야 하나요?
막막해요. 무엇을, 어떻게 준비해야 반도체 기업에 들어갈 수 있나요?

이러한 질문을 하는 이공계 취준생은 3, 4학년에 재학 중인 학생, 이미 졸업해서 몇 번 실패한 취준생, 타 기업에 재직 중인데 그만두고 다시 시작하려는 경력자 등이다. 위의 질문에 다음과 같이 답변했다.

삼성전자 반도체 부문은 화학 전공자를 많이 선발합니다.
SK하이닉스에서 화공과가 지원할 수 있는 직무는 공정 엔지니어, 패키징이 있고, 전공 무관한 영업·마케팅, 구매 등이 있습니다.
반도체 기업에 지원하려면 반도체 산업을 전반적으로 먼저 이해해야 합니다.
지원 기업과 직무에 관해 연구해야 하고, 특히 반도체 8대 공정에 관해서는 빠짐없이 학습하는 게 좋습니다.

관심 있는 산업, 기업, 직무에 대해 분석하라

기업은 채용 공고를 낼 때 직무설명서(JD, Job Description)도 게시한다. 기업마다 차이가 있지만, 각 직무가 어떠한 업무를 수행하는지 설명하는 내용이다. 반도체 기업은 기술, 재료, 장비가 지속해서 발전하고 공정이 고도화되면서 직무를 세분화하고 있다. 삼성전자 반도체 부문의 경우 이전에는 공정 엔지니어 하나로 뽑았지만, 지금은 공정설계와 공정기술로 나누어서 선발한다. 요즘은 빅데이터를 활용하기 때문에 '데이터 사이언스'라는 직무를 새롭게 추가했다.

정보에 둔감한 이공계 취준생은 반도체 회사는 전자공학, 전기공학 계열만 지원하는 줄 안다. 어느 제조기업이든 생산설비는 필수다. 설비를 가동하고 유지, 보수하는 엔지니어는 주로 기계공학 계열이다. 공정별 설비가 돌아가기 위해서는 각종 화학물질과 가스가 필요한데 이는 주로 화공계열 엔지니어가 담당한다. 장비를 가동하는 로직과 컨트롤을 담당하는 엔지니어는 주로 전기·전자공학 계열이다. 이렇듯 기업은 각각의 역할에 맞는 전공자를 선발하여 적재적소에 배치한다.

그러므로 전공별로 지원할 수 있는 분야와 JD를 사전에 파악하여 준비하는 게 바람직하다. 해당 기업의 채용 관련 홈페이지와 브이로그, SNS 등을 잘 살펴보면 지원한 직무에 대한 정확한 정보를 얻을 수 있다. 특히 반도체 분야는 초미세화, 고집적화 추세에 대응하는 소자, 재료, 화학물질, 가스, 분석 등 화학 계열 전문인력의 수요가 증가하고 있다. 특히 설비는 24시간 가동되는 특성에 따라 4조 3교대 근무를 하려면 한 라인에 4배수의 엔지니어가 필요하다. 삼성전자 반도체 부문과 SK하이닉스가 매년 수천

명씩 신입사원을 뽑는 이유다.

정보를 분석하면 합격의 기회가 보인다

이공계 취준생은 대부분 대기업을 1순위 목표로 정한다. 몇몇 최상위 외국계 기업을 제외하고 대기업 이외의 기업을 1순위 목표로 지원하는 사례는 많지 않다. 중견 외국계 기업 중에는 대기업 수준만큼 연봉과 근무 여건이 좋은 곳도 있다. 최근 외국계 기업 취업 관련 포럼에서 발표된 자료를 보았다. 연봉, 근무 환경, 업무 강도 등 월등히 나은 조건에도 취준생의 정보력 부족으로 지원율이 낮다고 한다. 취준생들이 그만큼 정보를 잘 모른다고 할 수 있다.

재욱 군은 외국계 반도체 기업에 입사했다. 대기업 여러 군데에 지원했지만 최종 면접에서 번번이 탈락했다. 대기업 입사가 목표였는데 나이도 한두 살 더 먹다 보니 현실적인 대안을 찾았다. 그러던 중 대기업 협력사인 중견기업에 합격했다는 소식을 전해왔다. 하지만 연봉이 낮다는 문제가 있었다.

"선생님, Z사에 합격했습니다. 그런데 가야 할지 말아야 할지 모르겠어요."

"그게 무슨 말인가요?"

"저는 별로 가고 싶지 않은데, 주위에서는 나이도 있고 하니 가라고 하네요."

"재욱 군은 어떻게 하고 싶은가요?"

"가고 싶지 않아요."

"그럼 안 가면 됩니다. 본인에게 걸맞은 기업을 반드시 찾을 수 있습니다."

재욱 군은 Z사에 입사하지 않았다. 직무는 괜찮았으나 다른 조건이 만족스럽지 못했다. 한 달이 지난 후 다시 전화가 왔다.

"선생님, 저 외국계 E사에 합격했습니다."
"축하합니다!"
"연봉은 어떤가요?"
"지난번 합격했던 Z사보다 천만 원 더 많습니다."

이전에 연락했을 때 국내 중견기업보다는 수시채용을 하는 외국계 기업을 위주로 찾아보라고 조언했다. 외국계 기업은 직무 연관성과 지원자의 역량을 보고 채용하기 때문에 JD를 면밀하게 분석하라고 했다. 재욱 군은 자신의 전공을 살려서 일할 수 있는 직무를 목표로 희망하는 포지션에 취업했다. 성공의 핵심은 분별력과 정보 분석력이다. 이에 따라 받는 연봉의 수준이 달라진다는 사실에 유념하자.

7장

취업에 성공하기 위해
어떤 정보를 분석해야 하나요?

이공계 취준생은 기업이 어떠한 프로세스로 채용하는지 제대로 알아야

한다. 채용 공지를 검색하고 막연하게 여기저기 지원하여 양(量)으로 승부

✓ 대기업 채용 프로세스

지원서 접수 및 평가

1차 예선전

- 신상 정보
- 학력 사항
- 경력 사항
- 자격 사항
- 전공 이수 내역
- 직무 관련 경험

직무 적합성 평가

2차 예선전

- 언어논리
- 수리논리
- 추리
- 시각적 사고
* 기업에 따라 실시/미실시

종합 면접

결승전

- 직무·전공 면접
- PT면접(석사)
- 인성면접

하는 전략보다 무엇을 어떻게 해야 하는지부터 정해야 한다. 앞의 표는 대기업과 중견기업이 진행하는 일반적인 채용 프로세스다.

1차는 서류전형이다. 막연한 희망으로 지원서와 자기소개서를 작성해서는 안 된다. 질문의 내용에 직관적으로 답변해야 한다. 입사하고 싶어서 온갖 내용을 끌어다 쓴다고 해서 채용 담당자가 합격시키지는 않는다. 서류전형에서 합격하지 못하면 이후의 기회가 전혀 없다. 그러니 무조건 합격하는 자기소개서를 써야 한다.

합격하려면 단계별로 철저하게 준비하라

승민 군은 삼성디스플레이에 지원하여 한 번 만에 합격했다. 기업의 전형 단계에 맞춰 준비한 결과 졸업과 동시에 취업에 성공했다. 기계공학을 전공한 그는 다른 전공자들과 달리 자동차 관련 기업에는 지원하지 않았다. 평소에 관심이 많던 디스플레이 기업을 1순위, 반도체 기업을 2순위로 목표를 정했다. 삼성디스플레이와 LG디스플레이, SK하이닉스의 공정기술 직무를 목표로 정하고, 산업과 기업의 현황을 분석했다. 언론에 공개된 보도자료와 증권사 보고서 등 접할 수 있는 내용을 수집해 산업과 기업에 대한 이해도를 높였다. 또한 해당 기업의 경영 현황과 지원하는 직무를 면밀히 조사했다.

직무 역량을 확보하기 위해 외부 기관에서 디스플레이 공정 교육과 실습 과정까지 수료했다. 이러한 활동을 중심으로 지원서와 자기소개서를 작성했다. 지원 동기와 입사 후 비전, 자신의 가치관 등 해당 직무에 적합하다는 내용으로 기술했다.

2차인 직무 적합성 테스트를 통과하기 위해 관련 수험서 5권을 가지고 실제 삼성직무적성검사(GSAT)의 제한 시간 내에 문제를 풀이하는 훈련에 집중하여 무사히 통과했다. 그리고 마지막 면접에서 희망한 직무에 합격했다. 지금은 중견 엔지니어로서 직무를 잘 수행하고 있다.

성현 군은 지금 삼성전자에 재직하고 있다. 취준생일 때 서류전형은 통과하는데 직무 적합성 테스트에서 계속 탈락했다. 4학년 2학기부터 2년 동안 삼성, SK, LG 등에 계속 지원했지만 직무 적합성 테스트에서 떨어지자 의기소침해 있었다. 강의 시간에 승민 군을 초청하여 수강생들과 만남을 주선하였다. 성현 군은 승민 군에게 집중적으로 직무 적합성 테스트를 준비한 비결을 물었다.

승민 군은 삼성 GSAT를 어떻게 준비했는지 비결을 공개했다. 앞에서 설명한 내용을 전해주었고, 스터디 모임을 활용하라고 독려했다. 멤버는 반드시 같은 회사에 지원하는 취준생 5명으로 구성하여 진행했다고 한다. 스터디는 함께 모여서 단순히 문제를 푸는 방식으로 운영하지 않았다. 각자 난이도가 높았던 문제를 위주로 풀이 과정을 공유하며 아이디어를 주고받았다. 이처럼 성현 군도 마음이 맞는 지원자들과 스터디 모임을 조직하고 승민 군이 일러준 방식을 참고하여 시험에 대비했다.

단계	합격 전략	비고
자기소개서	디스플레이 산업 분석 및 기업 분석 소재 정리: 전공, 프로젝트, 군 생활, 대외활동 지원 직무 분석: 관련 교육 수강(반도체, OLED) 자기소개서 교육 수강: 가독성 제고	삼성, LG 등 5개 기업 서류 합격

직무 역량 테스트	인·적성 수험서 5권 마스터 4개월 동안 시험 환경과 동일하게 준비 스터디 모임 운영: 동일 직무 지원자 (난이도 높은 문제 풀이 방법 상호 교환) 집중과 선택으로 취약 영역 보강	삼성, LG 등 3개 기업 합격
면접	[모의 면접 수강] 직무면접: 전공지식, 순발력, 논리, 전달력 보강 임원면접: TPO, 태도, 콘텐츠, 화법 보완	삼성, LG 합격

자신만의 강점을 살리고 약점을 보완하라

성현 군은 다섯 번 만에 직무 적합성 테스트에 합격했다. 승민 군의 조언을 참고하여 자신에게 맞는 공부 방법을 적용한 결과이다. 직무 적합성 테스트는 자신의 목표인 삼성 GSAT 교재로 수리와 추리 영역을 집중적으로 보강했다. 이후 최종 면접을 통과하기 위하여 마인드셋, 생각 정리를 하면서 부족한 부분을 확인했다. 이틀을 남겨두고 모의 면접을 했을 때 성현 군과 4가지를 집중적으로 점검하면서 약점을 강화하도록 지도했다.

1. 지원 동기
2. 입사 후 업무 개발 계획
3. 직무 역량 강점과 조직 적합성
4. 직무 수행을 위해 준비한 내용

이러한 주제로 '상대방을 내 편으로 만드는 대화법'을 집중적으로 지도

했다. 또한 전달력 강화를 위해 어투, 음성의 고저, 태도, 자세, 옷차림 등의 비언어적 커뮤니케이션 역량을 보완했다. 끝으로 삼성전자 면접위원들이 동질감을 느낄 수 있도록 당당하고 떳떳하게 자신감을 잃지 않고 평정심을 유지하도록 했다. 성현 군은 다섯 번의 도전 끝에 본인의 희망대로 삼성전자 메모리 사업부 엔지니어로 입사하는 데 성공했다.

전략은 방향성이다. 취업 전략의 핵심은 나는 왜 이 회사에 입사해야 하는가를 설득하는 것이다. 기업의 관점에서 말하자면 우리는 왜 이 지원자를 뽑아야 하는지 당위성을 보여주면 된다. 전략은 상대방의 관점에서 생각하고 내가 어떻게 반응하면 되는지 정리하는 것이다. 전략이 있어야 성공도 따라온다는 사실을 잊지 말자.

8장

채용 담당자가 거절하지 못하는 자기소개서 작성법이 있나요?

이공계 취준생들의 자기소개서를 매년 500여 건 정도 검토한다. 절반 정도는 첨삭을 위해 보고, 나머지는 모의 면접을 하면서 읽는다. 자기소개서를 읽으면서 발견한 공통점이 있다.

1. 질문의 요지를 제대로 파악하고 작성하는 지원자가 적다.
2. 채용 담당자와 면접위원이 아닌 지원자 자기를 독자로 쓴 내용이 많다.
3. 자기소개서를 왜 쓰는지 모르고 쓴다.

설마 그럴까 하고 생각할 수 있지만, 이전에 작성한 자기소개서가 있으면 지금 꺼내서 읽어보자. 위에서 언급한 3가지 중 하나 이상은 해당할 가능성이 크다. 취준생 설문조사에서 자기소개서를 작성할 때 가장 어려운 점이 무엇인지 적으라고 하면, 다음과 같은 내용이 주를 이룬다.

1. 어떤 내용을 써야 할지 모르겠습니다.
2. 논리적으로 글을 쓰는 법을 잘 모르겠습니다.
3. 직무와 연관 지어 쓰는 법을 모르겠습니다.

SNS나 인터넷 기사 등에서 자기소개서를 잘 쓰는 법에 관한 글을 쉽게 찾아볼 수 있다. 수시채용과 상시채용이 늘어나면서 서류 탈락률이 예전보다 높아지다 보니 자기소개서의 중요성을 강조하는 글이 많다. 내용을 읽어보면 다 일리 있다. 그러나 실제로 작성해보면 의도한 대로 잘 써지지 않는다. 자기소개서는 글쓰기 영역인데, 글쓰기는 일정 부분 훈련이 필요하다. 막상 자기소개서를 써보면 스스로 만족할 만한 내용이나 형식으로 나오지 않는 게 어쩌면 당연하다. 평소에 비즈니스 문서를 작성할 기회가 없기 때문이다.

자기소개서를 잘 쓰려면 먼저 왜 쓰는지 목적을 분명히 하자

2021년 2월에 졸업과 동시에 처음으로 취업을 준비한 기훈 군은 삼성전자 반도체 부문 입사를 목표로 자기소개서를 작성했다. 첫 시간에 작성한 자기소개서를 보여주었다. 처음으로 써본 자기소개서이지만 나름 잘 썼다고 여겼는지 자신 있게 내밀었다. 한 번 읽어본 후에 자기소개 1번 문항을 채용 담당자의 관점에서 검토하라고 했다. 기훈 군은 칭찬을 들을 거라고 내심 기대하고 있었던 눈치였다. 하지만 채용 담당자의 입장으로 문서를 읽어보니 자신이 작성한 답변의 주제, 소재, 논리 중 하나도 상대방을 설득할 만한 내용이 없다고 인정했다.

기훈 군에게 자기소개서를 작성하는 목적을 물었다. 다른 취준생과 비슷한 반응이었다. 해답은 나오지 않았고 계속 겉도는 말만 했다. 뽑히기 위해서, 오래 다닐 사람인 걸 보여주기 위해서, 적합한 사람인 걸 보여주기 위해서 쓴다고 답했다. 마치 스무고개 놀이를 하는 것 같았다. 결국 그는 채용 담당자를 설득하기 위해 쓴다고 대답했다. 일단 목적을 제대로 짚었기에 그러면 채용 담당자를 무슨 소재로 어떻게 설득할 것인지 물었다.

질문을 계속 던진 건 기훈 군이 스스로 해답을 정리하기를 기대했기 때문이다. 내가 묻는 내용은 전부 기업에서 궁금해할 내용이다. 예를 들어 지원자가 이 직무에 적합하다고 생각하는 이유, 직무를 수행하기 위해 지난 1, 2년간 준비한 내용, 입사 후 경력 개발 계획 등 실제로 자기소개서에서 묻는 내용이기도 하다. 이후 여러 번의 수정을 거쳐 자기소개서를 완성한 결과 서류전형에 합격했다. 다음은 기훈 군이 맨 처음 제시했던 자기소개서를 보면서 평가한 내용이다.

1. 자기소개서 작성 목적: 채용 담당자를 설득해서 내 편으로 만들기

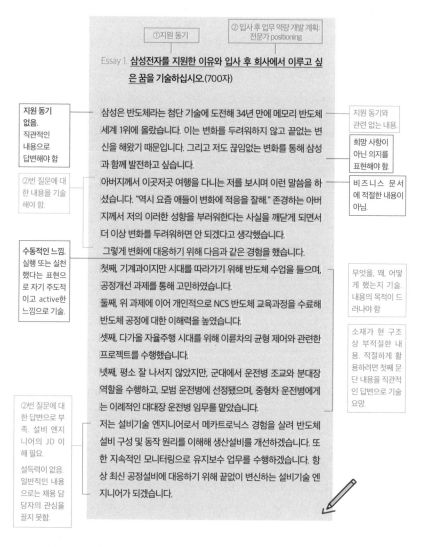

①지원 동기

②입사 후 업무 역량 개발 계획: 전문가 positioning

Essay 1. **삼성전자를 지원한 이유와 입사 후 회사에서 이루고 싶은 꿈을 기술하십시오.**(700자)

지원 동기 없음. 직관적인 내용으로 답변해야 함

삼성은 반도체라는 첨단 기술에 도전해 34년 만에 메모리 반도체 세계 1위에 올랐습니다. 이는 변화를 두려워하지 않고 끊임없는 변신을 해왔기 때문입니다. 그리고 저도 끊임없는 변화를 통해 삼성과 함께 발전하고 싶습니다.

지원 동기와 관련 없는 내용.

희망 사항이 아닌 의지를 표현해야 함.

②번 질문에 대한 내용을 기술해야 함.

아버지께서 이곳저곳 여행을 다니는 저를 보시며 이런 말씀을 하셨습니다. "역시 요즘 애들이 변화에 적응을 잘해." 존경하는 아버지께서 저의 이러한 성향을 부러워한다는 사실을 깨닫게 되면서 더 이상 변화를 두려워하면 안 되겠다고 생각했습니다.

비즈니스 문서에 적절한 내용이 아님.

수동적인 느낌. 실행 또는 실천했다는 표현으로 자기 주도적이고 active한 느낌으로 기술.

그렇게 변화에 대응하기 위해 다음과 같은 경험을 했습니다.

첫째, 기계과이지만 시대를 따라가기 위해 반도체 수업을 들으며, 공정개선 과제를 통해 고민하였습니다.

둘째, 위 과제에 이어 개인적으로 NCS 반도체 교육과정을 수료해 반도체 공정에 대한 이해력을 높였습니다.

셋째, 다가올 자율주행 시대를 위해 이륜차의 균형 제어와 관련한 프로젝트를 수행했습니다.

넷째, 평소 잘 나서지 않았지만, 군대에서 운전병 조교와 분대장 역할을 수행하고, 모범 운전병에 선정됐으며, 중형차 운전병에게는 이례적인 대대장 운전병 임무를 맡았습니다.

무엇을, 왜, 어떻게 했는지 기술. 내용의 목적이 드러나야 함

소재가 현 구조상 부적절한 내용. 적절하게 활용하려면 첫째 문단 내용을 직관적인 답변으로 기술 요망.

②번 질문에 대한 답변으로 부족. 설비 엔지니어의 JD 이해 필요.

설득력이 없음. 일반적인 내용으로는 채용 담당자의 관심을 끌지 못함.

저는 설비기술 엔지니어로서 메카트로닉스 경험을 살려 반도체 설비 구성 및 동작 원리를 이해해 생산설비를 개선하겠습니다. 또한 지속적인 모니터링으로 유지보수 업무를 수행하겠습니다. 항상 최신 공정설비에 대응하기 위해 끊임없이 변신하는 설비기술 엔지니어가 되겠습니다.

2. 어떻게 작성해야 하는가?
① 질문의 요지에 대응하는 답변 작성(주제 선택)
② 비즈니스 문서에 알맞은 어휘, 표현 사용
③ 나열형 정보는 지양 → 판단 근거가 되지 않음
④ 한 문장에 하나의 메시지만 전달 → 단문 위주
⑤ 서류 검토자 입장(관점)에서 생각하고 기술

상대방을 설득하면 서류전형에 합격할 수 있다

자기소개서는 상대방을 설득하여 내 편으로 만들기 위해 작성한다. 이것만 기억하면 어떤 기업, 어떤 질문에도 만족하는 답변을 기술할 수 있다. 그렇다면 상대방을 설득하기 위해서는 무엇을 실행할지 먼저 정해야 한다. 다음과 같은 내용을 참고하여 채용 담당자를 설득하면 된다.

1. 질문의 요지에 대응하는 주제 선택

2. 비즈니스 문서에 어울리는 어휘, 표현으로 기술

3. 나열형 정보는 지양하고 구·간·명*의 원리에 따라 기술

4. 한 문장에 하나의 메시지만 전달 → 단문 위주로 작성

5. 서류 검토자 관점에서 생각하고, 해석하고, 기술

* 구·간·명(구체적이면서 간략하고 명료하게)

자기소개서는 모든 지원자에게 공평하게 주어지는 기회다. 지원자가 회사에 필요한 인재라는 걸 글로 설명해야 한다. 얼굴을 마주 보고 면접으로 끝내면 될 일을 굳이 서류부터 보는 이유가 있다. 지원서로는 지원자의 교육 수준과 자격 등을 참고한다. 자기소개서는 지원자의 직무 적합성과 자질을 판단하는 자료로 활용한다. 서류전형에서 자기소개서가 중요한 이유다. 위에서 제시한 5가지 내용을 기반으로 작성하면 한 번에 합격하는 자기소개서를 쓸 수 있다.

9장

인터넷에 떠도는 취업 정보는
믿을 만한가요?

취업 관련 인터넷 카페나 정보 사이트에는 실패담이 많이 떠돈다. 기업이 탈락 이유를 알려주지 않기 때문에 자의적으로 느낀 점을 남긴다. SNS나 단톡방 등에 이러한 내용이 재생산되어 떠돈다. 가장 많이 언급되는 내용이 바로 출신 학교, 학점, 나이 등 3가지다.

A사는 학벌을 많이 본답니다.

S사는 학점 3. × 이상만 통과시킨대요.

29세인데 나이 때문에 떨어진 것 같아요.

서류전형에서 어떤 기준으로 합격자를 가리는지 알 수 없다 보니 충분히 나올 수 있는 말이다. 기업의 성격이나 규모에 따라 소소한 차이는 있지만, 대기업에 입사한 친구들의 프로필을 참고하면 반드시 그렇지는 않다. 학점이 2점대인 학생들도 서류전형을 통과하여 최종 면접까지 가서 합격하기도 한다. 연령대도 20대 후반과 30세가 넘는 합격자가 나오기도 한다. 출신 학교도 상위권, 중위권, 지방대 등 골고루 분포되어 있다.

서류전형에는 지원서와 자기소개서를 제출한다. 지원서는 후보자의 자격과 경력을 위주로 적는다. 자기소개서는 기업이 지원자에 대해 알고 싶은 내용을 위주로 기술한다. 인사 담당자는 항목별 질문을 통해 지원자가 작성한 내용을 검토한다. 지원자의 주장과 논거의 사실 여부를 주의 깊게 파악한다. 이 두 문서로 채용 담당자가 의사 결정을 하는 충분한 근거를 제공한다면, 서류전형에 합격할 수 있다. 학교, 학점, 나이는 이미 결정된 것으로 지원자가 신경 쓰거나 고민한다고 해결될 사항이 아니다. 바꿀 수 없는 것보다 바꿀 수 있는 것에 노력을 기울여야 한다.

뇌피셜은 취업에 도움이 안 된다

기업은 채용과 관련된 지원자의 인적 사항은 사내에서도 아무나 접근할 수 없는 인비(人秘)로 취급한다. 이와 관련된 내용이 인터넷 취업 카페나 친구들 사이에 떠돈다면, 그건 누군가 지어낸 이야기다. 취업 지도를 하다 보니 최종 면접까지 가는 취준생을 많이 만난다. 최소한 일반화할 수 있는 합격자의 프로필과 패턴은 충분히 파악하고 있다.

삼성전자와 SK하이닉스는 단일 기업으로는 최대 인원을 채용한다. 삼성전자를 기준으로 보면, 학교, 학점, 나이 등 3가지 요소가 합격의 기준이 되는 사례는 많지 않다. 다만 선발된 인원의 프로필을 참고해볼 때 R&D

같은 특정 직무에서는 학교, 학점, 나이가 중요하다고 판단할 수 있는 단서가 간혹 있다. 하지만 그 외의 직무에서 서류전형 합격자들은 3가지 요소의 영향력이 절대적이라고 결론 지을 수 없다. SK하이닉스도 최근 삼성전자의 패턴과 비슷해지고 있다. 학교, 학점, 나이가 취업의 장애 요인이라고 고민하는 취준생은 본인이 세운 목표를 달성하기 위해 실행 계획에 더욱 집중하기 바란다.

상대방의 생각을 읽어라

기업의 채용 담당자가 지원자의 서류를 볼 때 가장 관심을 두는 내용이 무엇일지 생각해보자. 출신 학교만을 평가하거나 일정 수준의 학점으로 제한하고 생년월일을 기준으로 선별한다면, 이 기준에서 예외인 합격자들을 설명할 방법이 없다. 지원서만 보고 판단한다면 자기소개서는 필요 없을 것이다. 그렇다면 자기소개서를 보고자 하는 의도가 무엇인지 파악해야 한다.

채용 담당자는 지원자가 해당 직무에 적합한 후보자인지를 알고 싶어 한다. 그런데 주로 자신의 학업 성과, 프로젝트 경험 등을 설명하면서 목표와 목적, 성과와 관련된 내용 없이 무엇을 했다는 정보만 나열한다. 상대방이 원하는 핵심 메시지는 없고 정보만 있다면 호감이 생길 수 없다. 자기소개서는 명확한 목적에 맞게 기술해야 하는 비즈니스 문서다. 따라서 읽는 사람이 의사 결정을 할 수 있는 정보를 충실하게 제공해야 한다. 주관적이기보다는 회사의 관점에서 지원자를 설명해야 설득력이 있다.

최종 면접 대상자 중에는 학부 졸업인데도 32세가 넘는 지원자들도 있다. 심지어 35세나 되는 지원자도 있었다. 출신 학교는 다양하다. 다만 수도권에 거점을 둔 대학교가 많다 보니 지방대 출신 지원자의 비중이 상대적으로 적어 보일 수는 있다. 드문 경우이지만 학점이 2점대인 지원자도 최종 면접까지 올라갔다. 이러한 사실로 미루어볼 때 스펙을 기준으로 지원자를 탈락시킨다고 보기는 어렵다.

근거 없이 왜곡된 정보는 취준생의 의지를 무너뜨린다. 쓸데없는 걱정이 부정적인 상상력을 자극해서 자신감을 떨어뜨린다. 궁금한 내용이 있다면 인터넷 취업 카페 등을 헤매면서 물어보지 말자. 대부분 자의적인 해석으로 취업에 도움되는 내용은 없다. 궁금하면 지원하고자 하는 기업의 인사팀에 당당하게 문의하자. 친절하게 안내해준다. 기업은 들이댈 줄 아는 지원자를 좋아한다.

정보를 잘못 분석하면 취업 전쟁에서 패배할 수밖에 없다. 인터넷 카페, 유튜브 등에는 신뢰할 수 있는 정보가 생각만큼 그리 많지 않다. 상식에 기반하여 합리적으로 판단해야 한다. 누군가 대신해주기를 바라는 의존적인 태도는 바람직하지 않다. 취업을 준비하는 과정에서 자기 주도적이고 적극적인 자세를 유지하는 것이 중요하다. 근거가 희박한 소문에 의지하면 바로 앞에 놓인 좋은 기회마저 무용지물로 만들 수 있다. 실제로 자신은 대기업에 못 들어간다고 보이지 않는 장벽을 스스로 만들어놓고 아무 시도조차 하지 않는 지원자들이 많다. 자신의 기회를 스스로 제한하는 생각을 하지 말자.

신경을 쓴다고 해서 학교, 학점, 나이 3가지가 변한다면 매일 고민해도 좋다. 하지만 그것들은 변화의 대상이 아닌 스스로 극복해야 하는 현실이다. 학벌, 학점, 나이를 본다는 이야기 대신 희망을 주는 이런 말을 새겨듣자.

아는 선배가 서른 살이 넘었는데 입사했대.

내 친구는 학점이 낮은데도 취직됐대.

A사는 학벌만 보는 줄 알았는데 지방대 출신도 합격했대.

여러분이 희망의 증거가 되길 바란다.

10장

직무기술서를 보고
무엇을 분석해야 하나요?

기업의 채용 사이트에 들어가면 직무 안내가 자세히 소개되어 있다. 채용 공지를 낼 때 문서 파일로 제공하는 회사도 있다. 수행 업무, 관련 전공, 필요 역량, 우대 사항 등을 상세하게 적어놓는다. 기업이 지원자들에게 직무를 자세히 안내하는 이유가 있다. 지원자가 자신의 전공, 역량, 경험을 연계해서 신중하게 직무를 선택하라는 의미다. 다르게 해석하면 지원자가 이 직무에 적합한 이유를 직무기술서에서 찾아내 자세히 설명하라는 의미가 담겨 있다.

이공계 취준생이 오해하는 내용 중 하나가 기업을 지원자의 꿈과 희망 사항을 이루어주는 수단으로 여기는 것이다. 아쉽게도 회사는 지원자의 꿈과 비전에 큰 관심이 없다. 다만 지원자가 회사에 입사해서 어떻게 기여할 것인지에 관심을 둘 뿐이다. 직무기술서를 잘 들여다보면 회사의 관점에서 자신을 어떻게 설명할지 보인다. 하지만 '회사의 관점에서 설명하려면 어떻게 해야 할까요?'라고 물으면 제대로 대답하는 취준생이 많지 않다.

기업의 채용 담당자가 원하는 내용이 있다. 바로 지원자를 선발해야 하는 타당한 이유다. 시키는 일을 잘할 것 같고, 오래 다닐 것 같은 후보자를 고르는 게 아니다. 팀원으로 함께 일하고 싶은 신입사원을 선발하는 것이다. 쉬운 말로 기업은 똑똑하고 일머리가 있는 사람을 원한다. 자기중심적이고 수동적인 사람보다는 자기가 왜 그 직무에 필요한 사람인지 적극적으로 증명하고, 능동적으로 설득하는 사람을 원한다. 10명이 최종 면접에 가면 평균 2~3명만 합격한다는 사실을 기억하자.

직무기술서는 지원자가 보여줘야 하는 역량이 무엇인지 알려준다

경문 군은 이차전지 기업인 LG에너지솔루션에 지원했다. 전공은 신소재공학이다. 명문대 출신으로 소위 스펙이 뛰어난 데다 해외 유학 경험도 있어서 영어를 비롯한 제2외국어 역량도 뛰어났다. 대내외활동도 활발하게 해서 사회성이나 대인관계 역량 부분에서 나무랄 데가 없을 정도로 완벽해 보였다. 게다가 자신감이 넘치는 태도는 상대방이 긍정적으로 받아들이기에 부족함이 없었다.

서류전형과 직무 적합성 테스트에 합격해서 최종 면접 전에 모의 면접으로 점검했다. 지원서와 자기소개서를 기반으로 1차로 치러지는 직무면접을 위주로 점검했다. 요약하면 대략 다음과 같은 질문과 답변이다.

1. 지원자께서 배터리 사업부에 지원한 동기는 무엇인가요?

LG에너지솔루션은 이차전지 세계 1위 기업으로서 빠른 성장과 함께 새로운 기술 개발을 위해 노력하고 있습니다. 이에 따라 품질의 신뢰성은 더 중요하리라 생각합니다. 그래서 품질 직무에 지원하였습니다.

2. 지원자는 품질 부서가 주로 어떤 업무를 수행하는지 알고 있나요?

품질 부서는 고객사의 요구에 맞는 제품을 평가하고 분석하는 업무를 수행합니다. 고객사는 주로 전기자동차, 스마트폰, 전동 공구 메이커입니다.

품질 문제 발생 시 외국어 실력을 발휘하여 고객사의 문제를 해결하겠습니다.

3. 입사 후 직무와 관련된 비전이 무엇인가요?

품질 분야에서 전문가가 되는 것이 꿈입니다. 회사에서 제공하는 교육과 학술 연수를 통해 이 분야의 전문가가 되겠습니다. 또한 LG에너지솔루션의 해외공장 주재원으로 나가 저의 외국어 실력으로 실무자들과 소통하면서 세계적인 품질의 이차전지를 생산하는 데 이바지하겠습니다.

면접을 대비할 때 보통 15~20개 정도의 질문을 건넨다. 주로 질문의 요지를 제대로 파악하고 있는지와 답변 내용이 적절한지 판단한다. 직무 적합성을 위주로 보고 전반적인 태도를 관찰하면서 인성적인 부분을 평가한다. 대화하면서 상대방을 배려하거나 존중하는지, 비즈니스 예의는 있는지, 전달하는 내용을 확신하고 있는지, 어투와 어감, 표정 등에서 신뢰성과 진솔함이 느껴지는지 등 여러 가지를 복합적으로 판단한다. LG에너지솔루션이 지원자들에게 공지한 품질 직무 관련 내용은 다음과 같다.

✔ LG에너지솔루션 품질 직무 안내

모집 분야	상세 내용	전공
품질 (품질전략 보증 CS)	국내외 단계별 시험검사 계획/모니터링/ 품질 시스템 확립 및 실행 등 고객 검증 시험, 국제/국가/단체 표준 인증 등 품질보증 관리, 고객 품질보증, 서비스 등 ※ 우대 사항 품질 관련 자격증/자격 소지자	화학공학/ 전자전기공학/ 기계공학/산업공학 등 관련 해당 학과
필요 역량	품질관리 업무 수행을 위하여 품질에 영향을 미치는 정보를 수집/분석할 수 있는 통계적 기법 활용 능력과 적기에 문제를 파악/해결할 수 있는 문제 해결 능력이 요구됩니다. 합리적인 기준으로 문제를 비교함으로써 인과관계를 도출하여 보완/개선점을 도출할 수 있는 논리력/창의력, 그리고 국내에 유관부서/고객과 원활하게 소통 및 대응할 수 있는 의사소통 능력이 필요합니다. CS 업무 수행에 있어 기본적으로 필요한 자질은 원만한 대인관계와 Communication Skill과 함께 국내외 다양한 고객을 대응하기 위한 능숙한 외국어 능력이 요구됩니다. 그리고 최고의 고객 만족을 위해 고객의 요청 사항을 즉각적으로 파악하고 대응할 수 있는 문제 해결 능력과 의사 결정 능력이 필요하며, 외부에서 발생한 문제점을 내부에 반영하므로 내부적으로 개선을 주도할 수 있는 Leadership과 적극적인 혁신의 마음가짐이 필요합니다. 또한 기술적인 업무 수행에 있어서는 제품의 정확한 이해 및 빠르게 변하는 제품의 기술적 동향을 파악할 수 있는 폭넓은 시야를 가져야 합니다.	

이공계 취준생 중에는 현직자를 만나 정보를 얻는 사람도 있다. 현직의 직무 내용이나 기업의 분위기 등을 알아보기 위해서라면 추천한다. 하지만 입사를 위한 면접 준비라면 무턱대고 현직자를 만나기보다는 직무 분석에

시간을 투자하는 게 더 바람직하다. 면접위원은 지원자가 자신들의 회사에 대해 구석구석 알고 있다고 해서 선발하지 않는다.

직무기술서에서 요구하는 역량으로 자신을 표현하라

LG에너지솔루션 품질 직무에서 요구하는 지원자의 잠재 역량을 정리하면 다음과 같다.

1. 품질관리 업무(품질전략과 품질보증)
· 통계적 기법 활용 능력(통계 도구 활용 능력)
· 문제 해결 능력
· 논리력 · 창의력 · 의사소통 능력

2. CS 업무
· 대인관계 역량 · 의사소통 능력
· 외국어 능력 · 문제 해결 능력
· 의사 결정 능력 · 리더십
· 혁신인인 마인드 · 기술 트렌드 감지 능력

위에서 언급한 역량은 문자 그대로 해석하는 데 어려움이 없다. 하지만 지원하는 직무의 내용과 성격에 따라 각각의 역량은 지원자가 해석하여 자기소개서나 면접에서 표현해야 한다. 각 역량에 대한 구체적인 사례 없이 제목만 나열하면 설득력 없는 일방적인 주장에 지나지 않는다.

경문 군의 답변을 살펴보면, 기업에서 보고자 하는 잠재 역량에 관한 언급이나 구체적인 사례가 없다. 단지 지원자의 희망 사항만 나열했을 뿐이다. 품질 업무는 외국어 실력이 뛰어나다고 해서 선발하는 직무가 아니다. 직무기술서를 분석하여 지원자가 대비해야 하는 것이 무엇인지 핵심을 정확하게 파악하자.

에피소드 2 "취업만 된다면 무슨 일이든 하겠습니다"

원석 군은 32세였으나 취업에 실패하여 무직 상태였다. 어느 날 전화로 일대일 컨설팅을 받고 싶다고 요청하기에 약속 날짜와 시간을 정해 만났다.

"무엇이 고민인가요?"

"저는 학점이 2점대로 엄청 낮습니다. 뭐든 시키는 대로 하겠습니다. 취업하고 싶습니다."

기어들어 가는 목소리였지만 절규처럼 들렸다. 원석 군은 절박했다. 나이는 이미 30대가 된 지 2년이나 지났다. 어느 회사든 지원서를 쓸 용기조차 못 내고 있었다. 일단 프로필을 검토하고 이것저것 질문하면서 원석 군을 파악했다. 늦은 나이와 낮은 학점 때문에 많이 위축되어 있었다. 그래도 가능성을 찾기 위해 최선을 다했다.

취업은 자기 자신을 되돌아보는 것으로부터 시작한다. 항상 마음가짐을 새롭게 다져야 한다. 취업에 성공하기 위해서는 3가지를 실천하라고 강조한다. 조언을 구하고, 책을 읽고, 글을 쓰라고 말이다. 조언을 구할 때는 '무엇을 누구에게'가 중요하고, 책을 읽을 때는 '어떤 책을 어떻게' 읽을 것이며, 글쓰기는 '무엇을 어떻게' 쓸 것인지 생각해야 한다. 질문을 통해 스스로 해답을 찾는 과정에서 기업이 원하는 인재상을 갖출 수 있다.

원석 군에게 지금까지 취업과 관련하여 알고 있던 정보와 내용은 모두 잊으라고 했다. 인터넷 취업 카페에서 떠도는 근거 없는 말과 주위 사람들이 얘기하는 소위 '카더라 통신' 등 정확하지 않은 소문에서 빨리 벗어나야 한다. 일종의 디톡스로 생각하면 된다. 건강한 몸을 만들기 위해 독소를 빼내듯이 머릿속의 온갖 잘못된 정보를 지워야 한다. 그래야만 자기에게 맞는 취업 전략을 세울 수 있다.

다음으로 자존감을 회복해야 한다. 잦은 거절과 실패로 땅바닥까지 떨어진 자존감과 자신감을 되찾지 못하면 이후의 과정이 제대로 진행되기 어렵다. 이는 마음가짐, 태도와 연관이 있다. 태도가 모든 것을 결정한다는 말이 있다. 취업 준비도 태도를 바꾸는 것으로 시작한다. 그때 해주는 말이다.

"얘도 하고 쟤도 하는데, 나라고 안 될 이유가 있나?
(He can do, she can do, why not me?)"

미국에서 기업을 경영하는 김태연 회장이 TV 프로그램에 출연해서 한 말이다. 그녀는 23세에 이민하여 맨손으로 사업을 일궈낸 실리콘밸리의 한국계 여성 기업인이다. 세 마디의 짧은 말이지만 누구라도 들으면 동의할 수밖에 없는 긍정의 인생철학이다.

자존감이 낮은 청년들은 대부분 자신을 보잘것없는 존재로 여긴다. 주변의 다른 이들과 비교하며 자신을 평가절하한다. 여기서 악순환의 고리에 빠진다. 원석 군은 이러한 모습에서 곧바로 빠져나와 긍정적인 태도로 바뀌었다. 자신의 장점인 영어 실력을 필요로 하는 기업을 위주로 지원서와 자기소개서를 작성하여 제출하기 시작했다. 외국계 기업은 수시채용을 하기 때문에 자신의 열정과 노력을 평가해줄 만한 기업을 타깃으로 삼았다. 드디어 몇 군데 최종 합격해서 어느 회사를 선택할지 행복한 고민을 했다. 원석 군은 본인의 관심사와 해당 산업과 기업의 비전을 고려하여 직무 관련성이 높은 중견 반도체 V 기업의 해외 마케팅 부서에 입사했다. 때마침 V사는 미국과 유럽 시장에 집중하고 있었고, 원석 군의 글로벌 역량이 서로 딱 맞아떨어졌다.

원석 군은 1년에 몇 번씩 전화로 안부를 전한다. 사실 자신이 일을 잘하고 있다고 자랑하기 위한 것이다. 그래도 가끔 안부를 물어오니 반가울 따름이다.

"선생님, 이번에 ○○지역을 제가 담당하게 됐습니다."
"회사에서 업무 성과가 좋다고 또 연봉을 올려주었습니다."

이제는 어엿한 중견 사원으로 업무 역량을 잘 발휘하고 있다고 했다. 원석 군이 취업과 회사 생활에서 성공할 수 있었던 이유는 간단하다. 무엇보다 먼저 자존감을 회복했다. 쓸데없는 걱정거리는 다 내다 버렸다. 백지 상태에서 자신의 현 상황(as-is)을 파악했다. 그리고 자신의 목표(to-be)를 명확하게 설정했다. 목표와 현 위치의 차이(gap)가 무엇인지 분석했다. 여기서 목표 달성을 위한 실행 계획(action item)을 정리했다. 각 계획에 대한 마감기한을 정하고 그대로 실천했다.

이 모든 과정에서 가장 중요한 2가지는 평정심과 실천이다. 하나는 마음을 다지는 정적인 요소이고, 다른 하나는 실행하는 동적인 요소이다. 원석 군은 방향을 설정하고 속도로 승부를 걸어서 불과 두 달 만에 중견기업 입사라는 성과를 냈다.

기업은 지원자의 도전 정신을 사고 싶어 한다. 스스로 장애물을 만드는 사람을 좋아하는 기업은 없다. 기업의 인사팀은 정량적인 지식과 경험보다 정성적인 동기, 가치관, 사고방식, 태도를 더 중요하게 여긴다. 여기에 나이와 출신 학교와 학점이 방해될 것은 거의 없다.

기회는 반드시 온다. 김태연 회장의 성공철학을 기억하자. 다른 사람도 하는데 나라고 안 될 이유는 없다. 들이대자. 기업이 유일하게 선호하는 대학은 최고의 명문대인 '들이大'다. 들이대야 인생이 바뀐다.

워크시트 2 지원자의 SWOT 분석하기

(1) 작성 예시

강점	지원자 자신의 강점	약점	지원자 자신의 약점
영어 OPic IH 등급 반도체 관련 전문지식 보유 끈기, 뚝심, 책임감, 추진력 긍정적인 마인드셋 아르바이트 경험 연구실 인턴 경험		자격증 없음 낮은 영어 점수 자신감 부족 작은 목소리 발표 공포증 ...	
기회	지원자에게 도움이 되는 외부 환경	위협	지원자에게 불리한 외부 환경
삼성, SK 대규모 투자 지속 신입사원 채용 규모 증가 블라인드 채용 확산 수시채용 기회 증가 ...		경력자 우대 분위기 비대면 화상면접 AI 면접 공채제도 감소 인문계 IT 지식 요구 ...	

(2) 작성하기

강점	지원자 자신의 강점	약점	지원자 자신의 약점
기회	지원자에게 도움이 되는 외부 환경	위협	지원자에게 불리한 외부 환경

비고: SWOT 분석은 2주 간격으로 내용을 업데이트한다. 자기주도적으로 지원자의 커리어 역량을 정리하고 개발하는 데 도움이 된다.

3부

지원 동기

11장

반도체 기업에 입사하려는 이유를 어떻게 설명해야 하나요?

기계공학을 전공한 기범 군은 대기업 입사를 희망했다. 전공에 맞춰 자동차 기업 위주로 준비하고 있었다. 학부 재학 시절 전공 프로젝트 경험은 주로 자동차와 관련된 것이었다. 그런 기범 군이 교육과정에 나오는 반도체와 디스플레이 산업에 관한 강의를 듣고 입사 희망 1순위를 반도체 기업, 2순위는 자동차 기업으로 진로를 변경했다.

반도체로 진로를 결정했지만 자동차 기업에 대한 미련이 남았다. 반도체 기업을 준비하는 중에도 자동차 기업에 지원하여 최종 면접까지 올라갔다. 최종 면접에 합격하기 위해 함께 면접 대비 점검을 했다. 학부 전공 시절 자동차와 관련된 프로젝트 등 지원하는 기업과 유관한 경험 위주로 내용 정리가 잘되어 있었다. 하지만 면접의 높은 벽을 통과하지 못했다.

병수 군도 기계공학을 전공했다. 졸업 후 자동차 부품을 제조하는 중견

기업에서 생산관리 직무를 수행했다. 반도체와는 조금도 관련 없는 산업이었다. 1년 넘게 근무하고 나서 자신의 미래를 고민하다 퇴사했다. 새로운 진로를 탐색하던 중 취업 전략 강의를 듣고 전혀 계획하지도 않은 삼성전자에 도전하겠다는 생각이 들었다고 한다.

최근 기계 계열 전공자들이 반도체 기업에 지원하는 사례가 늘고 있다. 이런 경우 산업을 바꾸어 반도체 기업으로 오고자 하는 이유를 분명하게 정리해야 한다. 반도체 기업에는 설비나 공정 엔지니어 직무로 기계 계열 전공자 수요가 분명히 있다. 하지만 학부 때는 주로 자동차나 로봇 분야 위주로 공부했기 때문에 지원 동기를 어떻게 정리할지 막막하다는 게 공통된 의견이다.

반도체의 '반' 자도 모르던 기범 군과 병수 군은 어떻게 삼성전자의 반도체 엔지니어가 되었는지 궁금해질 수밖에 없다. 자동차 산업 외에는 관심도 없다가 갑자기 반도체 산업으로 진로를 바꾼 이들이 아무것도 모르는 상태에서 합격하기까지 과정을 알아보면 도움이 될 만한 정보를 얻을 수 있다.

지원하는 기업이 필요로 하는 기본 지식이 무엇인지 파악하라

기범 군은 인턴 경험도 전혀 없고, 학부에서는 대부분 자동차와 관련된 프로젝트만 진행했다. 자동차 기업에 지원하고 최종 면접에서 여러 번 탈락했다. 대화하면서 면접 탈락 이유를 확실하게 알 수 있었다. 자신의 생각이 체계적으로 정리되어 있지 않은 데다 전달하는 모습에 자신감이 없었다. 생각 정리가 안 된다는 것은 상대방이 원하는 답변을 하기 어렵다는 뜻이다. 게다가 말할 때 시선 처리가 서툴러서 면접위원이 신뢰감이나 호감을 느끼기에 부족했다.

일단 진로를 반도체로 정했으니 삼성전자 합격을 위해 해야 할 일들을 정리해서 해결책을 만들기로 했다. 우선 다음과 같이 해야 할 일(to do) 목록을 도출했다.

1. 반도체 8대 공정 학습 및 실습
2. 삼성전자에 들어가야 하는 이유 정리
3. 학부 시절 소재 정리 및 분석
4. 반도체 중견기업 인턴 경험

이미 졸업한 상태였기 때문에 반도체 기업에 지원하기 위해서는 산업과 관련된 필수 지식을 알아야 했다. 이 부분은 국비로 지원되는 교육과 실습 과정을 활용했다. 지원 동기를 정리하기 위해서는 산업뿐만 아니라 기업과 직무까지 철저하게 분석해야 한다. 과거의 학업과 경험 중에 자신을 가장 잘 표현할 수 있는 강점과 장점을 키워드 위주로 정리하도록 했다. 또한 장비를 다뤄볼 수 있는 반도체 관련 중견기업의 인턴십에 지원하도록 했다.

다행히 상반기에 한 중견기업 인턴십에 합격하여 조직 생활과 반도체 관련 경험도 쌓았고, 본인의 약점이었던 의사소통 역량도 강화할 수 있었다. 약 6개월간 인턴 생활을 하면서 반도체 공정을 파악하고, 업무 역량까지 키웠다. 기계공학 전공이 반도체 기업에서 어떻게 쓰이는지, 삼성전자에서 어떤 직무를 담당하는지도 알게 되었다고 한다. 현실적인 지원 동기도 자연스럽게 정리되었다. 그 결과 하반기 삼성전자 공채에 합격했다.

병수 군도 마찬가지였다. 기존에 다니던 직장을 그만두고 진로를 모색하던 중 삼성전자에 입사하겠다는 의지로 시작했으나, 무엇을 할지 방향을 잡지 못하고 있었다. 일단 자기 분석부터 시작했다.

1. 학교/전공/학점/나이
2. 직장 경력/담당 업무/내용/역량/장점
3. 퇴직 사유
4. 반도체 관련 지식 및 경험

기범 군과는 점검 내용이 다르다. 병수 군은 산업 분야는 다르지만 현직 경험이 있다. 1년간 직장에 다니다 퇴사한 경험은 채용 담당자 관점에서 마음에 들지 않는 사항이다. 이전 직장의 퇴사는 신입사원으로 채용하기 전에 반드시 확인하는 사안이다. 조직에 적응하기 어려운 사람은 아닐까 하는 의문이 들기 때문이다.

기업은 모든 일에 목표를 정하고 그에 따른 계획을 세워서 실행한다. 목표를 달성하는 일 이외에는 시간과 자원을 절대 투입하지 않는다. 마찬가지로 기업에서 일하는 모든 직원은 자신의 업무 목표를 스스로 관리하고 평가받는다. 팀장들이 선호하지 않는 직원의 유형이 바로 목표 의식 없이 일하는 사람이다. 이런 직원은 목표 달성 의지도 약하고, 동기부여도 잘 안되어 업무 성과가 저조하다. 기업은 적극적이면서 센스도 있고, 목적 의식이 분명한 사람을 선발하기 위해 면접을 시행한다. 퇴직 사유를 분명하게 정리할 수 있도록 생각과 관점을 바꾸는 질문을 했다.

- 퇴사를 결정하게 된 직접적인 동기는 무엇이었는가?
- 전 회사는 어떤 동기로 입사를 결정하게 되었는가?
- 전 회사 경험을 잘 표현할 키워드 3개만 꼽는다면?
- 업무 수행 시 발휘한 본인의 역량 중 강점은 무엇인가?
- 회사에서 업무 역량 및 성과 평가는 어떠했는가?

병수 군은 지원 동기보다 퇴사 사유에 대한 합리적이고 논리적인 설명이 더 중요했다. 면접위원은 경력 있는 지원자의 업무 수행 역량과 대인관계 역량을 높이 산다. 다만 조직에 적응하는 능력이 검증되어야 채용을 결정할 수 있다. 정보를 나열하지 말고 제대로 된 스토리로 전달해야 면접위원이 호감을 느낄 수 있다.

병수 군 역시 삼성전자 반도체 부문의 최종 면접까지 올라갔다. 면접위원은 주로 전 직장의 업무 성과와 대인관계를 집중적으로 파고들었다. 반도체 엔지니어로 커리어를 다시 시작하고 싶은 진심이 전달되었는지 면접에서 합격하여 지금까지 잘 다니고 있다.

12장

자기소개서 질문 내용도
해석해야 하나요?

각 기업은 자기소개서에서 질문을 3~5개 정도 제시한다. 공통으로 빠지지 않는 질문이 지원자의 꿈과 희망에 관련된 것이다. 항목의 내용을 바꿔서 입사 후 포부나 계획 등을 물어보기도 한다. 예를 들면 다음과 같다.

1. 삼성

삼성에 지원한 이유와 입사 후 회사에서 이루고 싶은 꿈을 기술하십시오.

2. LG

본인이 지원한 직무와 관련된 본인의 향후 미래 계획에 대해 구체적으로 기술해주시기 바랍니다.

3. 한화

한화에 지원한 동기는 무엇이며, 입사 후 어떻게 성장 및 발전해나갈 것인지를 기술해주십시오.

4. 현대중공업

입사 후 포부에 대해 기술하세요.

5. 신세계

지원한 직군에서 구체적으로 하고 싶은 일과 본인이 그 일을 남들보다 잘할 수 있는 차별화된 능력과 경험을 기술하시오.

자기소개서 내용은 질문에 따라 결정된다. 꿈이 무엇이냐고 물으면, 지원자는 꿈이라는 용어에 대응하는 내용을 기술한다. 포부가 무엇이냐고 물으면 포부라는 용어의 틀 안에서 내용을 쓴다. 하지만 지원자는 문자 그대로 단순하게 해석하기보다 질문의 의도를 파악해야 한다. 기업은 자기소개서의 제시문을 거의 변경하지 않는다. 자기소개서에는 직무 적합성이나 조직 적합성을 파악하는 질문이 대부분이다.

질문의 의도가 무엇인지 파악하라

지원자가 꿈, 희망 사항, 포부라는 용어를 곧이곧대로 해석하면 곤란하다. 냉정하게 말하면 기업은 지원자의 꿈이 무엇인지 관심 없다. 기업은 지원자가 어떠한 역량으로 회사에 이바지할 것인지에 관심을 둘 뿐이다. 이런 속사정도 모르고 자기의 희망 사항과 꿈에만 집중해서 쓰는 지원자들이 있다. 기업에서 신입사원을 뽑는 이유를 생각해야 한다. 앞으로 기업의 미래를 이끌어갈 사람이 필요해서 신입사원을 채용한다.

자기소개서는 지원자 자신에 대해 쓰는 글이다. 자유롭게 쓰는 에세이가 아니라 일종의 비즈니스 문서다. 비즈니스 문서는 작성하는 목적이 분명하다. 자유롭게 적은 내용을 읽는 사람이 알아서 잘 해석해주면 좋겠지만 비즈니스 문서는 그렇지 않다. 기업에서 공통으로 활용하는 의사소통 수단은 문서다. 문서 작성 능력을 업무 역량과 동일하게 평가하는 이유다. 다음은 채용 담당자가 선호하지 않는 지원 동기 사례다.

질문
지원 동기와 회사가 본인을 채용해야 하는 사유를
구체적으로 작성해주십시오.

고객을 중요하게 생각하는 경영철학을 지향하는 기업인 K사에 지원합니다. 부모님 가게 일을 도와주면서 고객의 중요성을 느꼈습니다. 학부에서 "공학도는 인간의 삶의 질을 높여주는 사람이다"라는 교수님의 말을 마음에 깊이 새겼습니다. K사는 운송 서비스로 고객의 삶의 질을 높여주는 기업입니다. 또한 사람이 우선인 기업철학에 매료되었습니다.

저는 기계공학을 전공했기 때문에 엔지니어 직무를 다른 사람들보다 빠르게 이해하고 수행할 수 있다고 자부합니다. 학부 시절 다양한 프로젝트를 경험했습니다. 프로젝트를 통해서 많은 갈등이 있었습니다. 팀원들의 의견을 경청하고 존중하면서 갈등을 해결하였습니다.

"하나의 화살은 쉽게 부러지지만 화살 한 묶음은 부러지지 않는다"라는 말처럼 함께 성장하는 엔지니어가 되겠습니다. 항상 모든 일에 책임감 있고 진중한 자세로 고객의 안전을 최우선으로 삼는 K사에 이바지할 수 있다고 생각합니다.

채용 담당자가 자기소개서를 읽을 때 처음 15초가 중요하다. 대체로 첫 문단을 읽는 데 걸리는 시간이다. 이때 지원자에게 계속 관심을 둘지 말지를 결정한다. 기업의 경영철학이 지원 동기라고 하면 설득력이 전혀 없다. 지원자가 꼭 회사에 입사해야 하는 이유, 아니면 본인을 뽑지 않으면 안 되는 이유를 전혀 언급하지 않고 있다. 무엇을 적어야 할지 잘 모르고 쓴 내용이다. 채용 담당자가 지원자를 뽑아야 하는 근거로 삼을 만한 내용이 없다.

모든 답변은 직무 적합성과 조직 적합성을 보여주는 내용으로 채워라

대체로 자기소개서를 설득력 있게 쓰는 지원자가 최종 면접에서도 합격할 확률이 높다. 의사소통 역량이 뛰어나기 때문이다. 면접에서도 자기가 하고 싶은 말만 하는 지원자는 면접위원이 별로 귀 기울이지 않는다. 채용 담당자에게는 지원자를 뽑아야 하는 합리적인 이유가 필요하다. 서류전형에 합격하기 위해서는 질문의 요지에 부합하는 답변을 해야 한다.

자기소개서는 상대방을 설득하기 위해 작성한다. 상대방이 어떤 내용을 선호할지 의도를 먼저 파악해야 한다. 자신의 이야기를 일방적으로 전달하지 말고 상대방이 공감하고 동의할 수 있는 내용으로 전개해야 한다. 작성 후에는 본인이 만족스럽다고 평가하지 말고 상대방의 관점에서 내용이 합리적으로 이해될 만한지 검토해야 한다. 본인부터 이해되지 않고 확신이 들지 않으면 채용 담당자도 확신할 수 없다.

결론적으로 다음과 같은 사항을 염두에 두고 자기소개서를 작성해야 한다.

1. 자기소개서의 고객이 누구인지 항상 생각한다.

2. 질문지를 명확하게 이해한다.

3. 지원자의 생각을 논리적으로 전달한다.

4. 기업은 직무 적합성과 조직 적합성에 관심이 많다.

5. 모든 답변은 결론(주장)-본론-결론으로 설명한다.

13장

지원 동기를 잘 쓰려면
어떤 내용을 참고해야 하나요?

이공계 전공자 위주로 지도하다 보니 만나는 취준생들이 희망하는 기업은 대체로 삼성전자, SK하이닉스, 현대자동차, LG디스플레이, LG화학 등 4대 그룹 계열사나 외국계 반도체 장비 기업이다. 산업으로는 단연 반도체가 인기 1위이고 이차전지와 디스플레이 분야에 집중되어 있다. 각 기업에서 모집하는 직무는 크게 엔지니어, 연구원, 영업·마케팅, 경영지원 직군으로 분류할 수 있다. 삼성전자의 대표적인 직무별로 간략하게 정리하면 다음 표와 같다.

삼성전자는 채용 공지를 할 때마다 직무기술서를 제공한다. 물론 다른 기업들도 간략하게나마 직무에 관한 내용을 잘 파악할 수 있도록 안내한다. 또한 채용 정보를 제공하는 유튜브나 브이로그 등에서 현직자가 업무를 소개하는 등 직무에 관한 정보를 알려주기도 한다. 직무기술서의 내용

분류	연구개발	S/W	기술/설비	영업·마케팅	디자인	경영지원
직무	회로 설계 소자 개발 공정 개발 기구 개발 재료 개발 소재 개발	시스템 S/W 미들웨어 S/W APP S/W	제품 기술 설비 기술 제조 기술 개발 품질	상품기획 제품 전략 마케팅 영업	제품 인터랙션 비주얼	기획 재무 구매 SCM

을 잘 파악하기만 해도 지원 동기를 수월하게 정리할 수 있다. 자기소개서나 면접에서 가장 중요한 것은 지원 동기다. 하지만 많은 지원자들이 이런 기본 정보를 파악하지도 않고 자의적인 내용으로 문서를 작성하거나 면접을 보러 간다.

직무 내용을 명확하게 파악하라

성격이 적극적이고 외국어 능력이 출중한 원영 군은 SK하이닉스에 면접을 보러 가기 전에 찾아왔다. 지원 직무는 공정기술 엔지니어였다. 모의면접을 진행하면서 원영 군이 답변하는 내용을 분석하고 태도를 관찰했다. 시종일관 자신 있는 모습을 유지했으며, 적극적인 태도로 면접에 임하는 모습을 보여주었다. 하지만 원영 군은 치명적인 문제점 2가지를 드러냈다.

첫째, 직무에 대한 이해도가 현저히 낮았고, 둘째, 지나친 자신감으로 신뢰성과 진솔함이 잘 전달되지 않았다. 우선 직무에 관한 질문에 대해 원영 군은 만족할 만한 답변을 하지 못했다. 직무기술서를 자기 생각과 언어로 재해석하지 않고 내용을 암기해서 대답했다. 직무에 대해 더 깊이 질문하면 대체로 피상적인 답변만 반복했다. 직무기술서의 내용을 나열할 뿐 어떤 일을 담당하는지 잘 모르고 있었다. 단지 모든 질문에 외국어 실력만 강조할 뿐이었다. 외국어 구사 능력은 수단에 불과하다. 직무 수행 역량과는 큰 연관이 없다.

면접위원들이 지원자에게 가장 궁금해하는 내용이 무엇인지 생각해보자. 면접을 진행하면서 여러 가지 질문을 하지만 가장 비중을 많이 두는 부분은 지원 동기다. 면접위원들은 다음과 같이 지원 동기가 무엇인지 묻는다. 면접에서 반드시 묻는 4대 질문 중 하나다.

- 지원자는 우리 회사에 들어오려는 이유가 무엇인가요?
- 지원자는 왜 ○○직무에 지원하였나요?
- 지원자가 ○○직무에 적합하다고 주장하는 이유는 무엇인가요?
- 우리 회사가 지원자를 뽑아야 하는 이유를 설명해주세요.

직무기술서를 면밀하게 검토하지 않을 경우 지원자 대부분은 아래와 같은 내용으로 답변한다.

- 저는 ○○직무를 수행하기 위해 ○○을 전공했고 ○○공정 실습을 했습니다.
- 저는 어릴 때부터 삼성전자 제품을 사용하면서 자랐습니다. 스마트폰을 사용하면서 반도체에 관심과 흥미가 있어서 지원했습니다.
- 삼성전자는 메모리 반도체 분야 1위로 도전하는 모습이 저의 가치관과 같아서 함께하고자 지원했습니다.
- 반도체를 향한 저의 집념과 꿈을 이루기 위해 삼성전자에 지원했습니다.

모두 채용 담당자를 설득하기에는 부족한 설명이다.

지원 동기는 직무와 연동되어야 한다

지원 동기는 지원자의 관점에서 바라보면 회사에 들어가야 하는 이유이고, 기업의 측면에서 보면 지원자를 반드시 선발해야 하는 타당한 이유가 된다. 2가지 관점을 조합하여 지원자는 자신의 지원 동기를 구체적이고 명확하게 설명해야 면접위원이 합격 판정을 내릴 수 있다. 앞에서 제시한 4가지 답변을 듣고 이 지원자를 '합격 고려'의 범주로 판단하는 면접위원은 아마도 없을 것이다. 직무기술서에는 대체로 다음과 같은 정보를 제공한다.

구분	내용
1. 직무 역할	입사하게 되면 수행하는 대표적인 업무 설명
2. 관련 전공	직무를 수행하기에 적절한 전공학과 및 전공 과목 안내
3. 필수 요건	직무를 수행하는 데 필수적인 지식과 경험에 대한 소개
4. 우대 사항	전공과 직무와 연관된 경험과 역량

지원자 중에는 직무기술서를 한두 번 읽고 이해하는 수준에 그치는 경우가 많다. 직무기술서를 기반으로 질문하면 만족스럽게 답변하는 경우가 드물다. 직무기술서는 지원자가 활용할 수 있는 가장 유용한 재료다. 자기소개서에 쓸 내용과 면접에 사용할 유용한 단서가 풍부하기 때문이다. 입사하면 어떤 업무를 수행하고, 이에 필요한 지식과 역량이 무엇인지 잘 설명되어 있다. 지원자 본인의 자의적인 판단과 생각으로 답변하기보다는 회

사에서 제시한 내용과 용어를 답변에 활용하면 설득력이 높아질 수밖에 없다. 인터넷 취업 관련 카페 등에서 수집한 정보에 의지하지 말고 회사에서 제공한 정보만 잘 활용해도 합격 확률을 높일 수 있다.

✔삼성전자 직무기술서(메모리 사업부 설비기술 직무) 사2계

Job Description
메모리 사업부(Memory Business)
설비기술
경기도 화성, 평택

반도체 제품의 소형화 / 집적화에 따라 설비 성능 향상, 개조, 개선 등의 역할을 통해
품질 /수율/ 생산성을 향상시키는 직무

Role (직무의 역할)

• 설비 최적화
- PM (Preventive Maintenance, 예방정비)를 통한 설비 가동률 및 성능 향상
- BM (Break Maintenance, 사후정비)를 통한 설비고장 분석 및 개선
- 설비부품 관리 및 정비를 통한 원가절감 및 생산성 향상

• 설비분석 및 자동화
- 분석 Tool을 활용한 설비 문제 원인 분석 및 해결
- 빅데이터 분석을 활용한 설비 자동화 시스템 구축 및 최적화

• 신설비 / 응용기술 개발
- 신설비 최적화를 위한 조건 확보 및 기술 개발
- 차세대 제품 공정 대응을 위한 설비 응용기술 개발 및 적용

Recommended Subject (직무 관련 전공과목)

• 전기전자: 반도체공학, 기초전자회로, 전자기학, 제어공학개론, 광전자공학 등
• 재료 / 금속: 재료물리화학, 재료공학개론, 재료물성, 반도체 재료 및 소자 등
• 화학 / 화공: 유기/무기화학, 물리화학, 반응공학, 고분자화학, 고분자공학 등
• 기계: 고체역학, 열역학, 정역학, 동역학, 유체역학, 기계진동학, 열전달 등
• 물리: 전자기학, 반도체물리, 광학, 고체물리 등

Requirements (필요 역량)

• 기계, 물리, 부품, 센서, 공압 등 설비 주요 구성 및 동작 원리 지식 보유자
• 열전달, 전기전자, 변형, 플라즈마, 유체, 진공 등 설비 요소 기술 지식 보유자

Pluses (우대 사항)

• 전공/직무와 연관된 경험 보유자(프로젝트, 논문, 특허, 경진대회)
• 반도체 개발/ 데이터 분석 관련 Tool (MATLAB, Spotfire, C, C++, Python 등) 역량 보유자

14장

자기 생각을 쓰라는 질문에
어떻게 쓰면 되나요?

기업은 자기소개서에 지원자의 생각과 의견을 적을 수 있는 질문을 제시한다. 또한 면접에서도 자기의 생각을 체계화하는 능력과 구체적이면서 간략하고 명확하게 전달하는 의사소통 능력이 있는지 확인한다.

- 최근 사회 이슈 중 중요하다고 생각되는 한 가지를 선택하고 이에 관한 자신의 견해를 기술해주시기 바랍니다.(삼성)
- 지원 분야와 관련하여 특정 영역의 전문성을 키우기 위해 꾸준히 노력한 경험에 대해 서술해주십시오.(SK)
- 최근 국내외 이슈 중 한 가지를 선택하여 본인의 견해를 서술하시오.(포스코)

기업이 사회적 이슈를 묻는다면 질문 의도가 무엇인지 생각하고 주제를 선택한다. 산업과 기업에서 쟁점이 되는 내용을 선택하면 채용 담당자의 관심사와 교집합을 형성할 가능성이 크다. 부정적인 이슈보다 공통의 관심사를 공유할 수 있는 주제를 선택하는 것이 좋다. 예를 들어 반도체 기업에 지원한다면 4차 산업혁명과 반도체와 관련된 주제로, 디스플레이 기업이면 스마트폰이나 TV 등과 관련된 내용을 추천할 만하다. 자동차 기업이라면 자율주행차와 관련된 주제가 단연 돋보인다.

신문 기사나 홈페이지의 내용을 베끼지 말고 재가공하라

다음의 [사례 1]은 사회적 이슈 질문에 대응하는 답변이다. 마지막에 본인의 생각이라고 표현했지만, 내용을 살펴보면 인터넷 검색 결과를 그대로 옮긴 것과 다름없다. 자기 의견보다는 언론 기사 등 공개된 자료를 가공하지 않고 거의 그대로 인용해서 자기소개서를 작성하는 사례가 의외로 많다. 서류를 검토하는 담당자는 문서를 성의 없이 대강 작성했는지, 아니면 고민을 거듭하여 최선을 다해 작성했는지 쉽게 구별할 수 있다.

[사례 1]

⋯⋯디지털 컨택트 시대에는 전자기기의 수요가 늘어날 것으로 예상합니다. 이런 수요를 확실하게 확보하기 위해서는 기술력의 초격차가 필요하다고 생각합니다. 국제반도체장비재료협회는 2020년 전 세계 반도체 팹 장비 투자액이 전년 대비 8% 성장하고, 2021년에는 13% 증가할 것으로 전망된다고 9일 밝혔습니다. 이런 상황에서 파운드리 사업에서 확고한 지위를 확보하려면 확실한 투

자를 바탕으로 빠르게 3나노 양산 체계를 갖추는 것이 필요하다고 생각합니다. 파운드리 산업 특성상 업계 최고의 기술력을 가진 기업이 50%의 글로벌 점유율을 확보할 수 있기 때문입니다. 삼성전자는 2022년까지 3나노 양산 설비를 가동할 예정이라고 하였지만, 그 기간을 단축할 수 있으면 글로벌 1위의 파운드리 업체로 성장할 수 있다고 생각합니다.

반면 [사례 2]는 자신의 의견을 확실하게 정리하여 잘 전달하고 있다.

[사례 2]

최근 코로나의 전 세계적인 확산으로 스마트폰, 가전 생산라인의 가동 중단, 소비 침체 등으로 삼성전자의 경영 계획에 차질이 발생했습니다. 완제품 수요 둔화로 인해 메모리 출하량이 감소하여 예상 이익이 상당 폭으로 감소할 것으로 예상했지만, '사회적 거리두기'로 재택근무와 온라인 강의 등이 권장되면서 서버 메모리 수요가 증가하고 있습니다. 이와 같은 상황 속에서 삼성전자 메모리의 방향에 대한 3가지 견해를 제시하고자 합니다.

첫째, 삼성전자는 D램에 EUV 공정을 업계 최초로 적용하여 메모리의 가격 경쟁에서 매우 큰 성과를 거둘 것으로 예상됩니다. 현재 코로나로 인해 침체한 메모리 시장에서 위축되지 않고, 지속해서 인프라에 투자해야 합니다. 차별화된 제품과 기술력을 갖춰 대비한다면 향후 메모리에 대한 잠재적 수요를 가장 먼저 확보할 수 있을 것입니다.

둘째, 일시적인 현상으로 인한 완제품의 수요 감소보다 서버 메모리 수요에 대해 주목하고 싶습니다. 4차산업으로 인해 5G와 IoT 분야에서 서버용 D램은 필수적인 부품이 되었습니다. 따라서 이 시기에 서버용 D램에 대한 공급을 늘리고 개발을 더 집중적으로 하여 시장을 장악하여야 합니다.

셋째, 이와 동시에 최근 개발한 3진법 반도체와 같은 새로운 패러다임을 제시하는 반도체 상용화를 더욱 앞당길 수 있도록 해야 한다고 생각합니다. 또한 빠른 처리 속도와 저전력 동작은 배터리 용량 문제를 해결할 수 있다고 생각합니다. 3진법 반도체와 같은 새로운 분야의 기술은 시장의 주도권을 선점한다면 앞으로 삼성전자의 초격차 전략의 핵심으로 작용할 것으로 생각합니다.

위의 견해와 같이 위기 속에 갇혀 있지 않고 다가올 미래에 대한 준비를 통해 항상 앞서 나가는 반도체 공정기술 엔지니어가 되겠습니다.

이런 유형의 질문에는 [사례 2]에서 보는 것처럼 다음의 형식에 맞춰 답변하면 채용 담당자가 이해하기 쉽게 작성할 수 있다.

1. 이슈 선정 이유
2. 이슈의 시사점 또는 문제점 정의
3. 이슈에 대한 지원자의 생각 또는 문제 해결 방안 제시

사회적 이슈 외에 지원자가 지원한 직무에 적합한 이유를 설명하라고 요구하는 기업도 있다. 이런 경우에는 주로 관련 전공, 인턴 활동, 학부 연구원 경험, 외부 실습 등 주로 지식과 경험으로만 설명하는 경우가 대부분

이다. 지원자들이 전달하고 싶은 정보만 나열하기 때문에 무엇을 강조하는지 핵심 내용이 빠지기도 한다. 이처럼 상대방을 설득하지 못하는 경우가 빈번하게 일어난다. 자기의 생각과 의견이 충분히 전달돼야 합격 가능성이 높아진다는 사실을 기억하자.

15장

면접에서 가장 중요한
질문은 무엇인가요?

인터넷과 유튜브, SNS에는 취업 정보가 넘쳐난다. 취업에 도움되는 정보도 있지만, 그렇지 않은 내용도 있다. 그중 대표적인 것을 꼽으라면 면접에서 자주 물어보는 질문에 어떻게 답변하라는 내용이다. 면접 과정을 복기하여 질문의 종류별로 모아놓은 것이다.

예를 들어 '우리 회사에 지원하는 동기는 무엇입니까'라는 질문에 다음과 같이 답변하라고 가이드라인을 제시한다.

전 세계를 대상으로 해외 마케팅을 하는 것은 어린 시절부터 저의 꿈이었습니다. 특히 사람밖에 자원이 없는 우리나라에는 무역이 국가 경제의 근간이라고 생각합니다. 삼성전자는 1983년 반도체 산업 진출을 선언한 이래 DRAM과 낸드플래시 부문에서 세계 1위로 시장을 선도하고 있습니다. 삼성전자는 고등학교 때부터 동경의 대상이었습니다.

　지원 동기는 지원자가 회사에 입사해야 하는 이유이자 회사가 지원자를 뽑아야 하는 이유다. 가이드라인에는 회사를 자신의 꿈, 동경의 대상으로 언급했다. 삼성전자가 메모리 제품에서 세계 1위를 하는 것은 굳이 기술할 필요 없는 내용이다. 정작 질문의 요지인 지원 동기는 없고 희망 사항만 있다.

　인터넷에는 '많이 묻는 면접 질문 00가지'라는 제목의 글들이 심심치 않게 보인다. 그러나 면접에서 어떤 질문이 나올지 미리 안다고 해서 큰 도움이 되지는 않는다. 면접 질문에 대한 모범 답안은 존재하지 않기 때문이다. 지원자 1,000명에게 지원 동기를 물어보면 각각 1,000가지의 답변이 존재한다. 지원 동기에 정답이 있을 리가 없다. 마찬가지로 다른 질문도 별 차이 없다.

자신의 이야기에 정답은 없다, 해답이 있을 뿐이다

　탈락 경험이 있는 지원자들은 특정한 질문에 답변을 제대로 하지 못해 떨어졌다고 생각하는 경향이 있다. 대체로 지원자가 자신의 약점으로 여겨서 받고 싶지 않은 질문이다.

- 지난 면접에서 공백기 질문에 제대로 답변을 못 했는데, 어떻게 대답해야 하나요?
- 왜 편입했냐고 묻는데 솔직히 말해야 하나요?

- 저의 단점이 뭐냐고 묻는데 어떻게 대답해야 하나요?
- 학점이 낮은 걸 물어보는데 뭐라고 해야 할까요?
- 대외활동 경험이 없는데 물어보면 어떡하죠?

위의 예시는 면접에서 주로 지원자의 생각을 물어보는 개방형 질문이다. 동시에 지원자들이 답변을 피하고 싶은 내용이다. 면접위원은 지원자의 공백기, 편입 목적, 단점, 낮은 학점 등에 관심이 있어서 물어보는 게 아니다. 면접위원은 지원자에게 질문을 던지면서 2가지를 살핀다. 답변의 내용과 전달하는 태도다. 내용을 본다는 건 말을 통해 전달되는 메시지에서 질문의 요지를 제대로 파악하고 있는지 확인한다는 의미다. 태도는 가시적 태도와 불가시적 태도로 나누어진다. 이 3가지 요소가 적절하게 어우러져야 면접위원을 설득할 수 있다. 개방형 질문에 모범 답안은 없다. 자기 생각을 어떻게 명확하게 전달할 것인지 정리해야 한다.

기업은 경영 목표를 달성하기 위해 직원을 채용하고 업무를 배분한다. 목표를 달성하기 위해 전략을 세우고 실행하는 데 중점을 둔다. 신입사원 채용도 인사 전략의 한 방편으로 기업의 미래를 이끌어갈 인재 확보를 위해 필요한 자원을 투입하는 것이다. 기업은 목표와 목적이 뚜렷하지 않은 일에는 시간과 자본을 투자하지 않는다. 마찬가지로 면접위원은 여러 질문을 던져서 지원자가 목표와 목적 의식이 분명한 사람인지 확인하는 의도로 면접에 임한다. 지원자가 의도에 맞는 답변과 태도를 보인다면 합격 가능성은 당연히 높아질 수밖에 없다.

반대로 지원자가 면접에서 받고 싶은 질문, 즉 자신 있게 답변할 수 있는 질문이 뭐냐고 물으면 주로 다음과 같은 내용을 언급한다.

- 지원 직무에서 발휘할 수 있는 능력과 강점은 무엇인가요?
- 협업을 통해 목표를 성공적으로 달성한 경험이 있나요?
- 대인관계 능력과 관련된 본인의 장점은 무엇인가요?
- 입사 후 어떤 일을 하고 싶은가요?
- 팀 프로젝트 경험이나 논문 주제와 지원 직무의 연관성이 있나요?

이런 종류의 질문은 지원자의 주관적인 경험을 바탕으로 자신 있게 답변하면 된다.

자기소개와 지원 동기는 정말 중요하다

면접에서 다른 질문보다 중요한 2가지가 있다. 바로 자기소개와 지원 동기다. 자기소개는 면접위원을 처음으로 만나는 자리에서 간단하게 하는 첫인사이다. 자기소개가 끝나면 그다음으로 반드시 물어보는 것이 지원 동기다.

자기소개를 하라고 하면 1분 내외로 정리한 내용을 외워서 전달한다. 지원자마다 내용도 크게 다르지 않다. 어떤 지원자는 자기소개를 요청하는 말에 이름도 밝히지 않고 전공 공부를 통해 얻는 지식과 실습으로 경험한 내용을 쇼핑 목록처럼 나열한다. 처음 만나는 자리에서 면접위원을 배려하는 내용은 없고 처음부터 자기가 하고 싶은 말만 한다면 지원자에 대한 호감도는 떨어진다. 1분 자기소개를 다음과 같은 포맷으로 준비하면 면접위원이 듣고 이해하기 쉽다.

1. 지원 부서와 지원자 이름: 5초

2. 직무에 지원한 동기: 10초

3. 직무를 수행하는 데 본인이 발휘할 수 있는 강점 하나: 10초

4. 조직 생활에서 발휘할 수 있는 대인관계 역량: 10초

5. 입사 후 업무 역량 개발 계획(입사 후 포부와 동일): 10초

위와 같이 준비하면 45초 자기소개가 완성된다. 1분은 짧은 시간이 아니다. 내용이 알차다면 1분이 길게 느껴지지 않는다. 하지만 전달 내용이 불분명하면 30초도 지루하게 느껴진다. 1분 자기소개 내용을 왜 그렇게 정했냐고 물으면 면접위원에게 질문 거리를 던지려고 했다는 이야기를 종종 듣는다. 하지만 외운 내용을 일방적으로 전달하는데 귀를 기울일 면접위원은 없다. 가장 바람직한 자기소개는 말 그대로 지원자가 어떤 사람인지 알려주는 내용이다. 따라서 위에 제시한 포맷으로 간략하고 깔끔한 소개가 더 설득력 있다.

추상적인 표현은 피하고 구체적으로 설명하라

자기소개로 면접위원들에게 좋은 인상을 주었다면, 그다음에 십중팔구 지원 동기를 묻는다. 지원자가 가장 어려워하는 부분이 지원 동기다. 지원 동기를 물으면 대부분 회사 이야기를 인용한다. '초일류 기업이기 때문에', '첨단 기술을 익힐 수 있어서', '다양한 고객을 접할 수 있어서', '기업이 도전하는 모습이 지원자의 가치관과 일치해서' 등 좋은 회사라거나 구체성이 없는 추상적인 표현이 대부분이다.

지원자는 회사를 희망의 대상으로 인식하기보다는 어떠한 역할을 담당해서 성과를 낼 계획인지 생각해야 한다. 회사의 관점에서 지원자를 뽑아야 하는 이유를 직무 적합도, 조직 적합성, 대인관계 역량의 측면에서 도출해야 한다. 스스로 왜(why)라고 자문하면서 정리해보자. 회사의 입장은 간단하다. 회사가 필요로 하는 사람이면 합격 판정을 내린다. 지원자가 들어오고 싶다고 해서 뽑아주는 회사는 없다. 취업의 문은 나날이 좁아지는 가운데 면접의 비중은 더욱 커지고 있다. 면접에서 가장 중요한 자기소개와 지원 동기에 집중해야 하는 이유다.

16장

뛰어난 스펙인데도
합격이 안 되는 이유는 무엇인가요?

한 이공계 취준생이 대기업 신입사원 면접전형에서 떨어졌다. 면접 복기를 하고 왜 합격하지 못했는지 취업 전문가와 상담했다. 그 전문가가 제시한 솔루션은 다음과 같았다.

아무래도 인턴 경험이 없어서 불합격한 것 같으니 다음 시즌 지원하기 전에 3개월 정도 인턴십을 할 회사에 먼저 지원하는 게 좋겠습니다.

기업이 최종 면접에서 어떠한 기준으로 합격과 불합격을 결정하는지 잘 모르고 내린 처방이다. 기업은 '스펙'을 기준으로 채용하지 않는다. 최근 몇 년 동안 가장 많은 인원을 뽑는 삼성전자와 SK하이닉스의 지원서에 기재하는 내용을 정리하면 다음과 같다.

삼성전자

·학력 사항: 출신 학교, 전공, 학점

·대내외활동: *(동아리, 인턴, 연구생, 아르바이트, 현직 경험(계약직, 정규직))

·어학 사항: 영어, 제2외국어

* 삼성은 대내외활동에 대해 구체적인 지침이 없음

SK하이닉스

·학력 사항: 출신 학교, 전공, 학점, 부전공, 복수전공, 편입 여부

·경력 사항: 현직, 해외 경험, 특허, 수상 경력, 사업 경험, 동아리/커뮤니티
 경험

·외국어/자격증: 영어, 제2외국어

* SK는 경력 사항에 대해 구체적으로 구분하여 명시함

　서류전형에서는 지원자의 자격과 기본적인 자질을 평가한다. 처음에 가장 먼저 눈에 띄는 것은 출신 학교와 학점이다. 스펙이라 할 수 있지만, 이 2가지는 참고 사항이다. 과거 활동은 현재 시점에서 지원자가 어떠한 노력을 해도 바꿀 수 없다. 자신의 출신 학교와 학점에 민감한 취준생이 있다. 바뀌지 않는 것에 신경 쓰지 않기를 바란다. 기업은 출신 학교와 학점만으로 지원자의 당락을 결정하지 않는다.

　두 번째로 대내외활동이다. 삼성은 자유롭게 자기의 경험을 기술하면 된다. SK는 구체적으로 기재하도록 구분하고 있다. 가능하면 기업에서 요구하는 내용에 따라 지원자의 경험을 기반으로 사실만 기재하면 된다. 대내외활동은 서류전형에서 지원한 직무와의 연관성을 설명할 수 있는 좋은

소재가 된다. 나름대로 사회생활을 성실하게 준비했다는 것을 보여줄 수 있는 소재다. 하지만 직무와 관련 없다면 스펙이 아닌 '자충수펙'이 될 수 있음을 유념하자.

세 번째는 외국어 구사 능력이다. 주로 영어 점수를 요구하는데 독해나 리스닝 위주로 테스트하는 지필고사 점수보다 회화 능력 점수를 요구한다. 현직 실무에서는 말로 하는 의사소통 능력이 필요하기 때문이다. 삼성은 영어의 경우 최저 기준으로 OPic IL, 토익 스피킹 레벨 5를 제시하고 있다. SK는 최저 기준은 없고 지원자가 취득한 점수를 입력하게 되어 있다. 직무에 따라 외국어 역량에 대한 평가는 다르다. 영업·마케팅 직무라면 고득점일수록 유리하다. 다만 엔지니어 직무라면 외국어 역량에 지나치게 집중할 필요 없다.

스펙에 너무 연연하지 마라

이공계 취준생은 스펙에 민감하다. 실제로는 스펙이 나름대로 좋은 지원자도 서류전형에 합격하지도 못하거나 최종 면접에서 떨어지는 사례가 많다. 취업의 성공은 스펙이 좌우한다는 논리가 통하지 않는다는 뜻이다.

최종 면접에서 탈락했다고 무작정 다른 기업에 인턴이라도 지원하겠다는 취준생을 몇몇 보았다. 그럴 때마다 본인이 왜 합격하지 못했는지 복기하고는 스펙이 부족해서 떨어졌다고 자책한다. 자의적으로 해석한다면 다음 취업에서도 실패할 확률이 높다.

면접위원들은 질문을 통해 지원자가 답변하는 내용과 태도를 살피면서 뽑을지 말지 마음속으로 결정한다. 이 과정에서 면접위원이 보고 싶어 하는 점은 지원자의 열정과 패기다. 열정과 패기가 넘친다고 말해도 면접위원들은 동의하지 않는다. 대체로 자기소개를 듣고 지원 동기를 질문하는데 이때 지원자의 답변과 태도를 보고 1차로 적합성을 판단한다. 면접은 대체로 10~20분 정도 진행되지만, 첫인사를 나누고 2~3분 만에 면접의 향방은 정해진다고 할 수 있다.

지원자를 꼭 뽑고 싶은 기준을 어디에 두는지 알아야 대비할 수 있다. 2019년 잡코리아에서 시가총액 상위 30개 기업을 대상으로 인재상에 나오는 키워드를 추려서 발표한 인재상 공통 키워드 'Top 10'의 결과를 살펴보자.

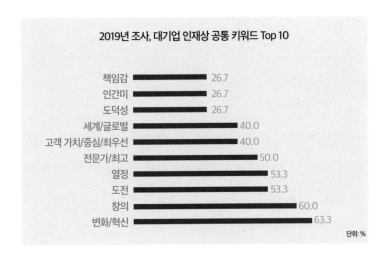

면접 과정에서 지원자의 답변과 태도를 통해 직접 느낄 수 있는 키워드는 '열정'이다. 열정에 대한 해석은 사람마다 다르다. 어느 기업이든 열정을 중요하게 생각한다. 기업은 열정을 '내가 맡은 일은 어떤 일이 있어도 끝까지 완결하는 의지'로 해석한다. 열정과 항상 함께 나오는 '패기'는 '객관적으로 내 역량과 능력이 부족하더라도 맡은 일을 해내겠다는 의지'로 이해한다.

열정과 패기는 태도로 전달된다

지원자가 변화를 선도하고, 창의성을 발휘하고, 도전하는 사람이라고 주장한다고 해서 실제로 그렇게 판단하지 않는다. 하지만 열정은 말과 태도를 통해 그대로 전달된다. 면접위원은 지원자의 잠재력을 알고 싶어 한다. 열정을 보여줄 수 있는 모범 답안은 없다. 그 자리에서 전달되는 지원자의 적극적인 의욕과 의지가 성공의 해답이다.

면접은 사전에 주제를 정하지 않는 것만 빼면 프레젠테이션과 비슷하다. 세미나나 회의에서 어떤 프레젠테이션이 청중의 관심을 끄는지 생각하면 곧바로 이해할 수 있다. 청중은 발표자에게 신뢰성과 진솔함을 느낄 수 없으면 귀 기울이지 않는다. 면접도 마찬가지다. 자신이 믿음직한 사람이고 진솔하다는 것을 전달하는 수단으로서 가장 효과적인 것이 열정이다. 지원자의 긍정적인 에너지가 열정으로 해석된다면 그보다 성공적인 면접은 없다.

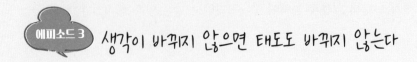

에피소드 3 생각이 바뀌지 않으면 태도도 바뀌지 않는다

일의 특성상 이공계 취준생을 많이 만난다. 그들은 노력하면 이룰 수 있다고 생각하는 평범한 젊은이들이다. 특히 삼성, 현대, SK, LG, 포스코 등 최상위 기업에 취업을 희망하는 만큼 전공이나 직무에 대한 부분은 어느 정도 준비된 자원이라고 볼 수 있다. 서류상으로는 특이한 사항 없이 괜찮아 보인다. 다만 잦은 거절과 실패를 겪어서 자존감이 낮아진 이들이 많다.

이외에도 취업 전략을 어떻게 세워야 하는지, 자기소개서는 어떻게 써야 하는지, 면접에서 실패하는 이유를 모르겠다는 등 공통된 고민을 한다. 이공계 취준생들은 다양한 어려움을 겪고 있다.

"현직자입니다. 중고신입으로 다른 회사에 입사하고 싶습니다. 어떻게 준비해야 하나요?"

"같은 회사 면접에서 계속 두 번 떨어졌습니다. 무엇 때문인지 이유를 모르겠습니다. 합격하고 싶습니다. 도와주세요."

"삼성전자에 입사하고 싶은데, 어떻게 하면 들어갈 수 있나요?"

자신이 희망하는 기업을 정해놓고 입사에 성공하기 위해 상담을 요청한다. 위에서 예를 든 범주에서 벗어난 내용으로 상담하는 경우는 거의 없다. 하지만 상식의 범주에서 벗어나는 취준생도 있다. 상담 요청을 한 어느 이공계 취준생은 프로필을 보니 나무랄 데 없이 필요한 요건들은 다 갖추고 있었다.

"어떻게 도와드릴까요?"
"일은 많이 안 시키고 돈 많이 주는 외국계 회사 소개해주세요."

처음 본 사람에게 당돌하게 질문하는 것도 그랬지만, 질문의 내용이 여태껏 보아온 취준생들과는 너무나 달랐다. 대개 상담을 시작하면 자신의 고민을 먼저 말하고 그 문제를 해결할 방법을 찾도록 도와달라고 요청한다. 그런데 예상을 벗어나도 너무 벗어난 답변에 당황스럽기까지 했다. 그 순간 누군가 충고해준 말이 떠올랐다.

"요즘 취준생은 입에 넣어주지 않으면 도저히 먹으려 하지 않으니까 참고하세요."

초면부터 황당한 질문을 받으니 속으로 불쾌한 마음이 밀려 올라왔다. 그 순간 이 상담을 진행하면 안 되겠다는 생각도 했다. 하지만 취업에 대한 두려움과 어려움을 호소하는 것으로 여기고 상담을 진행했다. 장난으로 한 말은 아니었는지 재차 확인했다. 질문 몇 개를 하면서 답변하는 태도를 보니 진심이었다. 상담하는 2시간 내내 불쾌했지만, 젊은 친구가 잘되기를 바라며 끝냈다.
상담을 끝내고 나니 부질없이 시간과 에너지만 낭비했다는 후회감이 밀려왔다. 취업을 위한 기본 사항부터 차근차근 설명해주었지만, 관심은 여전히 돈 많이 주고 일 적게 시키는 외국계 회사였다. 지극히 자기중심적인 태도였다. 세상에 일은 적게 하고 돈은 많이 주는 회사는 없다. 도대체 무슨 생각으로 그런 질문을 했는지 이해할 수 없었다.
태도가 모든 것을 결정한다는 말이 있다. 영어로는 'Attitude is everything'이다. 모든 취준생에게 '태도'를 강조한다. 태도는 마음가짐이다. 마음가짐은 생각에서 비롯된다. 생각은 심성(心性)에서 출발한다. 평소 사용하는 말 표현으로 그 사람의 생각, 가치관, 동기, 특성, 성격 등을 어느 정도 알 수 있다. 기업에서 면접전형을 하는 이유다.

현직 시절 신입사원을 뽑기 위해 면접에 종종 참여했다. 지금은 기회가 될 때마다 공기업과 공무원 채용 외부 면접위원으로 위촉받아 참여하고 있다. 지원자들을 면접하다 보면 자연스럽게 첫인상이 형성된다. 그런데 첫인상은 결국 끝인상인 경우가 대부분이다. 물론 면접위원들은 지원자에게 충분한 기회를 제공하기 위해 정형화된 질문과 상황에 따라 응용 질문을 던져서 반응을 보고 평가한다. 답변 내용도 중요하지만 주로 지원자의 태도를 관찰한다.

기업은 막대한 비용을 들여서 직원을 교육하고 업무에 투입한다. 대체로 신입사원이 입사해서 자신의 역량을 제대로 발휘하려면 약 1년 정도 소요된다. 신입사원은 기업의 미래를 위한 투자다. 기업은 경영 목표를 달성할 일꾼을 뽑는다. 기업의 곳간을 축내는 사람은 들이지 않는다. 기업과 취업에 대해 바른 인식을 갖고 있지 않으면 자기소개서 문장이나 면접에서 답변하는 말속에 부족한 자질과 역량은 반드시 드러난다.

취준생의 뛰어난 스펙이나 풍부한 지식과 경험만 중요시하던 시절은 이미 지났다. 그동안 채용 면접 현장에서 함께한 면접위원들이 하는 말이 있다. 아무리 똑똑하고 스펙이 좋아도 인성이 아닌 사람은 절대 뽑아서는 안 된다고 입을 모은다. 대체로 조직 생활을 25~30여 년 해온 베테랑들이 하는 말이다. 이들의 경험치는 데이터베이스를 바탕으로 한다. 사람을 보는 눈이 정확하다는 의미다. 부디 기업에서 선호하지 않는 가치관과 생각으로 취업 전선에 나서지 않기를 바란다.

학업 관련	공모전
아르바이트	인턴
프로젝트	연구실
군 복무	현직 경험

자기소개서·면접 소재 정리

기간	활동명	내용	성과 및 확보 역량	키워드
예) 2022.04 ~ 2022.11	정통부 주관 로봇 전문가 양성 과정	개요 : 협동로봇 테크니션 교육 내용 : • 로봇 설계, 개발, 생산, 테스트 및 운영의 모든 단계에서 제조, 기계, 전자 엔지니어와 협업 • 로봇의 초기 설치 및 내부 유지 보수와 수리 프로그램을 설계하는 전문가 교육 수료	• ○○로보틱스 마케팅 경진대회 동상 수상 • 회계, 경영 직무와 협업 역량 강화	공정 개선 협업 경험

※ 내용은 구체적으로 정리해야 한다. 무엇을(what), 왜(why), 어떻게(how)는 반드시 들어가야 한다.

4부

자기 이해

17장

전자공학도가 왜
설비기술 직무에 지원하나요?

내가 지도하는 이공계 취준생 10명 중 7명 정도는 삼성전자와 SK하이 닉스에 지원한다. 삼성전자는 메모리 반도체, 스마트폰, TV 분야에서 세계 1위다. 지속적인 투자로 항상 인력에 대한 수요가 있어 국내 기업 중 신입 사원을 가장 많이 채용하고 있다. SK하이닉스는 메모리 반도체 부문에서 세계 2위 기업으로 생산 능력을 지속해서 확대하고 있다. 여기도 매년 신 입사원을 대규모로 채용하고 있다. 앞으로도 반도체는 전방 산업인 스마트 폰, 서버, PC, 자동차(전기차 포함)의 성장 전망에 따라 DRAM, SSD, 낸드플 래시, 차량용 반도체 수요가 증가하여 호황이 예상된다. 이는 신입사원 채 용 규모와 직결되는 지표다.

두 기업은 엔지니어 직무를 위주로 신입사원을 채용하고 있으며, 삼성 전자 반도체 부문의 채용 직무에 따른 전공 구분은 다음 표와 같다.

✓삼성전자 DS 부문

사업부	직무	모집 전공
메모리	회로설계	전기전자(HW), 이공 기타
	평가 및 분석	전기전자(HW), 재료/금속, 화학/화공, 물리, 산공, 수학, 통계, 이공 기타
	반도체 공정설계	전기전자(HW), 재료/금속, 화학/화공, 기계, 물리, 이공 기타
	반도체 공정기술	전기전자(HW), 재료/금속, 화학/화공, 기계, 물리, 이공 기타
	설비기술	전기전자(HW), 재료/금속, 화학/화공, 기계, 물리, 이공 기타
	생산관리	산공, 전산/컴퓨터, 이공 기타
	S/W 개발	전기전자(S/W), 전산/컴퓨터, 기계, 물리, 산공, 수학, 통계, 이공 기타
시스템 LSI	회로설계	전기전자(HW), 이공 기타
	신호 및 시스템 설계	전기전자(HW), 이공 기타
	반도체 공정설계	전기전자(HW), 재료/금속, 화학/화공, 기계, 물리, 이공 기타
	S/W 개발	전기전자(S/W), 전산/컴퓨터, 기계, 물리, 산공, 수학, 통계, 이공 기타
	영업·마케팅	전공 무관
파운드리	회로설계	전기전자(HW), 이공 기타
	평가 및 분석	전기전자(HW), 재료/금속, 화학/화공, 물리, 산공, 수학, 통계, 이공 기타
	반도체 공정설계	전기전자(HW), 재료/금속, 화학/화공, 기계, 물리, 이공 기타
	반도체 공정기술	전기전자(HW), 재료/금속, 화학/화공, 기계, 물리, 이공 기타
	설비기술	전기전자(HW), 재료/금속, 화학/화공, 기계, 물리, 이공 기타
	생산관리	산공, 이공 기타
	영업·마케팅	전공 무관

메모리와 파운드리 사업부의 설비기술 직무를 보면 전공에 전기전자 계열을 기재했다. 일반적으로 전자공학 전공자는 주로 회로설계, 공정설계, 공정기술이나 S/W 개발 직무에 지원한다. 전자공학과는 반도체소자, 반도체 공정, 전자회로 등을 배우고 실험하기 때문이다. 전통적으로 설비기술 직무라고 하면 기계공학 계열의 전공자들이 대부분 지원했다. 그러나 최근에는 타 계열 전공자들도 설비기술 지원이 늘어나고 있다. 전공과 연관성이 적은데도 지원하는 이유는 여러 가지다.

직무 선택에는 합리적인 이유가 있어야 한다

외부 교육과 실습으로 반도체 공정에 대한 지식과 경험을 배양하여 설비에 관심을 두거나 본인의 기호에 따라 지원하기도 한다. 한편으로는 취업이 절실해서 성공 확률로 직무를 선택하기도 한다. 실제로 전자공학 계열 전공자들에게 왜 설비기술에 지원하냐고 물어보면, 곧바로 취업해야 하는 상황인 데다 타 직무는 경쟁률이 높아서 비교적 많이 뽑는 직무에 지원한다고 답하는 지원자가 많다.

기업에서 신입사원을 뽑을 때 '직무 적합성'은 중요한 평가 요소다. 서류전형에서는 해당 직무 적합성을 1차로 평가한다. 이때 전공과 학점을 참고하고 직무와 연관성 있는 대외활동을 살펴보고 자기소개서를 검토한다. 이 단계에서는 반드시 뽑겠다는 기준보다 '이 지원자 한번 만나보고 싶다'는 판단 정도만 한다. 비록 직무와 전공이 일치하지 않아도 문서에 기재한 내용으로 채용 담당자의 마음을 움직여야 한다.

동수 군은 2021년 상반기 삼성전자 메모리 사업부 설비기술 직무에 지원했다. 전자공학 전공자로 지난 1년 동안 취업에 실패했다. 모의 면접을 하며 공정설계나 공정기술 직무를 지원하지 않고 왜 설비기술 직무에 지원하는지 그 이유를 물었다. 동수 군은 질문의 요지에서 벗어난 외부적인 내용으로 답변했다. 삼성전자 파운드리 사업부의 성장 가능성이 있어서 지원했고, 설비기술 엔지니어로서 장비의 PM(Preventive Maintenance)과 BM(Break Maintenance) 업무를 담당하기 위해서라고 했다. 질문의 요지를 이해했다면 자기가 왜 설비기술 엔지니어로서 적합한지, 입사 후 직무 역량을 어떻게 개발해서 전문가로 회사에 이바지할 것인지를 설명해야 한다. 모의 면접 후 실제로 지원한 이유가 뭔지 물어보았다.

"사실은 취업은 해야 하는데 제 학점으로는 공정기술 직무에 합격할 자신이 없어서 인원을 많이 채용하는 설비기술 직무로 지원했습니다."

합격은 지원자의 생각 정리에 달렸다

취업 확률을 높이기 위해 희망 직무를 바꾼 동수 군의 전략이 잘못됐다는 건 아니다. 직무를 바꾼 것은 본인의 선택이다. 다만 면접위원은 지원자가 설비기술 직무에 적합한지 확인하기 위해 질문할 수 있다. 그렇다면 동수 군은 다음과 같은 답변으로 면접위원을 설득해야 한다.

공정기술 직무를 목표로 3개월 동안 '반도체 공정 교육' 중에 공정과 생산관리 분야에 집중해서 실습했습니다. 장비 실습의 필요성을 느껴 2개월 '반도체 직무 핵심 설비기술' 과정에서 포토와 에칭 장비를 실습하며 심화 학습했습니다. 이 과정에서 반도체와 관련하여 발휘할 수 있는 역량이 소자 특성과 관련된 공정 기술 직무보다는 장비 운영과 관리를 담당하는 설비기술 직무에 더 적합하다고 판단하여 지원했습니다.

기업은 채용 공고를 내면서 직무에 관한 내용도 함께 공지한다. 대체로 직무와 관련된 전공을 표기하기도 하지만 해당 전공자만 지원하라는 의미는 아니다. 최근에는 전공의 통폐합, 융·복합화로 전공의 스펙트럼이 넓어졌다. 계열이라는 표현을 많이 사용하는 이유다. R&D 직군에 해당하는 석·박사 채용이 아니라면 전공에 대한 제한이 그리 크지 않다. 석사학위로 학부 졸업생을 뽑는 엔지니어 직무에 지원하는 취준생도 늘어나는 추세인 걸 보면 전공 연계성의 비중이 그렇게 크지 않다고 판단된다. 다만 전공과 관련 없다고 해도 왜 지원하는지에 대한 명확한 목적 의식이 없다면 채용 담당자를 설득하기 쉽지 않다.

한 가지 더 중요한 사실은 삼성전자나 SK하이닉스 같은 대기업은 어느 교육기관보다 선진화된 교육과 연수 시스템을 운영한다는 점이다. 실제로 입사하면 업무에 투입되기 전에 신입사원 연수, 사업부 연수, 직무별 OJT 등 예비 엔지니어와 개발자로서 짧게는 3개월, 길게는 6개월 동안 교육받는다. 이 과정에서 전공자, 비전공자 구분 없이 해당 기업의 엔지니어 또는 R&D 연구원이 되기 위한 기본 지식과 실력을 갖추게 된다. 그러니 비전공자라고 두려워하지 않아도 된다.

취준생은 글과 말로써 기업의 채용 담당자를 어떻게 설득할지 연구해야한다. 면접위원을 설득하지 못하면 원하는 기업에 입사할 수 없다.

18장

회사에 대한 관심을
어떻게 보여주나요?

다음은 여러 이공계 취준생의 자기소개서에서 발췌한 내용이다. 지원 동기를 묻는 항목에 대한 답변으로 적절한지 판단해보자.

삼성디스플레이 지원 동기

기술과 제품 트렌드를 선도하는 기업에서 학부 전공을 살려 근무하는 것이 저의 꿈입니다. 이런 면에서 삼성디스플레이가 시장을 선도하고 있다는 사실이 저를 고무시켰습니다. Flexible OLED 분야에서 94%라는 압도적인 시장점유율을 달성했을 뿐만 아니라 Foldable, Rollable, Stretchable 디스플레이의 상용화를 이끌면서 폼팩터 혁신을 하고 있기 때문입니다. Rollable 디스플레이의 경우 자동차에도 장착될 수 있어서 자동차용 디스플레이 시장에 큰 변화를 이끌 것입니다.

삼성전자 지원 동기

전통적인 카메라 제조사인 코닥은 카메라 필름으로 세계 1위의 회사가 되었습니다. 하지만 코닥은 디지털카메라를 세계 최초로 개발했음에도 불구하고 1위의 자리를 차지하고 있는 필름 시장을 지키기 위해 경쟁사의 움직임을 제대로 파악하지 못했습니다. 결국 디지털카메라를 상용화하지 않았고, 후발주자들의 디지털카메라로 인해 몰락의 길을 걷게 되었습니다.

저는 메모리 분야 세계 1위라는 정상의 자리에 있음에도 불구하고 끊임없이 변화를 추구하며 전 세계 시장을 이끌어나가는 삼성전자의 열정에 반하여 지원하게 됐습니다.

현대모비스 지원 동기

제가 입사해서 근무하고 싶은 회사는 새로운 가능성에 끊임없이 도전하고, 최고의 제품과 서비스를 바탕으로 지속 성장하면서 고객 만족을 최우선으로 삼는 기업입니다. 이러한 조건에 정확하게 해당하는 기업이 바로 현대모비스입니다. 현대모비스는 KOLAS 인증과 함께 국제적으로 인정받는 전파무향실을 갖추고 최고의 제품을 평가하여 개선하고 있습니다. 이를 통해 완성도 높은 제품을 바탕으로 고객에게 신뢰를 받고 있습니다.

사례 중 지원 동기를 구체적으로 설명한 지원자는 없다. 삼성디스플레이 지원자는 회사 홍보 기사에 나오는 내용을 적었다. 삼성전자 지원자는 전혀 관련 없는 다른 기업의 이야기로 시작했다. 현대모비스 지원자는 자기의 희망 사항과 기업 홍보성 기사의 내용을 인용했다.

자기소개서의 첫 문장과 첫 문단의 내용은 중요하다. 많은 지원자가 자기의 이야기보다는 회사 이야기를 적는다. 이렇게 해도 서류전형에서 통과하는 경우가 종종 있기는 하다. 하지만 질문의 요지에 제대로 답변하지 않는 자기소개서는 합격하기가 어렵다. 최근 수시채용과 상시채용이 일반화되면서 자기소개서의 비중이 더욱 높아졌다.

회사 이야기는 가능하면 언급하지 않는다

지원자가 회사에 관심 있다는 걸 보여주기 위해 신문 기사나 홈페이지 내용을 굳이 인용하지 않아도 된다. 지원 동기는 쉽게 정리할 수 있다. 지원 동기가 무엇인지 생각해보면 어떤 내용으로 시작해야 할지 분명해진다. 지원 동기를 묻는 말에는 '왜 그 회사의 구성원이 되려고 하는가'를 설명하면 된다. 연봉이 높고, 복지가 좋고, 초일류 기업이라는 이유가 지원 동기라고 한다면 단지 좋은 회사니까 지원한다는 뜻이다. 이는 희망 사항일 뿐이다. 기업의 채용 담당자는 지원자의 꿈을 실현해주기 위해 뽑는 것이 아니다.

또한 이미 타사에 지원한 내용을 회사 이름과 직무만 바꾸어서 작성한 자기소개서는 채용 담당자가 '묻지 마 지원'이라는 걸 금방 알아차린다. 지원하는 회사를 분석하고 연구하지 않는다면 일반적인 내용 외에 자기소개서에 쓸 내용이 없다. 평범한 내용으로 상대방을 설득하기는 어렵다.

영일 군은 삼성전자 서류전형에 합격했다. 다음은 자기소개서 1번 질문인 '삼성전자를 지원한 이유와 입사 후 회사에서 이루고 싶은 꿈을 기술하십시오'에 답변한 내용이다.

'빅데이터 기반 자동화 시스템'을 구현하는 Data Science 엔지니어가 되기 위해 지원합니다.

공정 미세화 추세에 따라 빅데이터와 분석 영역이 확장되어 다음과 같은 과업을 수행하여 생산성 극대화 공정 구축에 공헌하겠습니다.

첫째, 빅데이터 처리 및 분석을 수행하면서 최적의 의사 결정을 지원하겠습니다. 비정형 불량 이미지 데이터, 반정형 센서 데이터 등 여러 성격의 공정 데이터를 전처리하여 분석하겠습니다. 의사결정나무, 인공신경망 등 다양한 모델링 기법과 알고리즘으로 분석한 결과를 활용해서 공정기술 및 패키지 엔지니어와 협력하여 최적의 공정 조건을 설계하겠습니다.

둘째, 각 공정 장비에서 추출되는 데이터의 성격에 맞게 분석하여 설비 가동률을 향상하겠습니다. 설비 트러블로 계획에 차질이 발생하지 않도록 관리도를 활용해 장비 센서 데이터가 관리 한계 안에 있는지, 특정 패턴은 없는지 등을 확인하여 PM 업무를 수행하겠습니다. 회귀분석, 시계열 분해 등 여러 분석 방법을 사용해 장비의 경향과 주기를 파악하여 트러블 발생률을 줄이겠습니다.

삼성전자 평가 및 분석 직무에서 생산성 향상을 목표로 빅데이터의 가치를 극대화하는 데이터 분석 전문가가 되겠습니다.

1번 질문에서 답변으로 작성할 내용은 2가지다. '지원 동기'와 '입사 후 이루고 싶은 꿈'이다. 처음 세 줄은 지원 동기를 명확하게 요약했고, 직무 수행의 결과를 의지로 표현했다. 또한 직무기술서에 대응하는 내용을 간략하고 명확하게 표현했다. 입사 후 본인이 수행해야 할 업무를 2가지로 요약하여 설명하고 있다. '열심히 하겠다', '최선을 다하겠다' 등의 추상적인 표현을 사용하지 않고 구체적인 업무 내용과 본인의 역량을 전달하는 표현으로 상대방을 설득하고 있다.

자기소개서는 말 그대로 회사의 이야기가 아닌 자기의 이야기로 구성해야 한다. 기업에서 요구하는 업무 수행 역량 중 '문서 작성 능력'이 있다. 지원자의 자기소개서 작성 능력이 서류전형 합격 여부를 결정한다는 의미다. 생각 정리와 글쓰기로 채용 담당자를 설득할 수 있다면, 면접 단계에서도 면접위원을 설득할 수 있다. 지원자의 입사 여부는 면접으로 최종 결정되며, 면접에 효과적으로 대응하기 위해서는 자기소개서 단계부터 철저하게 준비해야 한다.

19장

첫인상이 왜 중요한가요?

첫인상이 끝인상이라고 강조할 만큼 첫인상은 중요하다. 면접 시 첫인상부터 호감을 줘야 결과도 좋을 수 있다. 대부분 첫인상이 왜 중요한지는 안다. 짧은 면접 시간에 지원자는 말(언어)과 태도 2가지를 보여준다. 태도는 다시 2가지로 나뉜다. 겉으로 보이는 가시적 태도와 음성, 표정, 어휘력 등을 통해 전달되는 비가시적 태도다. TPO(Time, Place, Occasion, 때, 장소, 상황)에 따라 사람은 말과 태도가 달라진다. 면접에서 TPO가 무엇인지 정리하면 다음과 같다.

구분	지원자 입장	기업 입장
T: 때	기업 입사 여부를 결정 첫선을 보는 날	미래의 인재·인적자원 발굴 후보자를 만나는 날

P: 장소	기업의 코드 존중(원정 경기) ·드레스 코드(복장 및 신발) ·비즈니스 매너(예의) ·액세서리 금지(목고리, 귀고리 등) 바른 태도로 호감도 향상 ·외모(헤어스타일 등) ·말투와 자세 ·표정과 미소	지원자의 마인드셋 평가 ·공지 사항 준수 여부 ·기본 예절 ·상대방 배려 첫인상 형성 ·라포(Rapport) 형성과 자기소개 ·인지 능력, 공감 능력 ·의사소통 능력
O: 상황	상대방 설득해서 내 편 만들기 ·인성 적합성 ·직무 적합성 ·대인관계 역량 직무를 수행하기 위해 어떤 준비를 했는지 설명	동질감이 있는 후보자 찾기 ·적극적, 긍정적, 능동적인 후보자 ·일머리가 있는 후보자 ·솔선수범, 선공후사형 후보자 앞으로 무엇을 할 것인가를 질문

첫인상이 끝인상이다

심리학 용어 중 초두효과(初頭效果, primacy effect)가 있다. 처음 제시된 정보나 인상이 나중에 제시된 정보보다 기억에 더 큰 영향을 끼치는 현상이다. 초두효과는 인간관계에서 큰 영향을 끼치는 첫인상을 설명할 때 자주 인용하는 말이다. 솔로몬 에쉬(Solomon Asch) 교수는 다음과 같은 실험을 진행했다.

실험 참가자들에게 A와 B 두 사람의 성격에 대한 정보를 나눠주었다.

A: 똑똑하다, 근면하다, 충동적이다, 비판적이다, 고집스럽다, 질투심이 많다

B: 질투심이 많다, 고집스럽다, 비판적이다, 충동적이다, 근면하다, 똑똑하다

실험 참가자들에게 A와 B에 대한 느낌을 물어본 결과, A에 대해서는 대부분 호감을 느꼈지만, B에 대해서는 비호감을 나타냈다. A와 B를 설명한 단어는 똑같다. 단지 순서만 바꾸어서 제시했는데 실험에 참여한 사람들이 느끼는 호감도는 달랐다. A는 '똑똑하다', '근면하다'라는 긍정적인 반응을 보였고, B는 '질투심이 많다', '고집스럽다'라고 부정적으로 평가했다.

이전의 경험을 떠올려보면 쉽게 동의할 수 있는 주장이다. 상급학교에 진학하거나 학년이 바뀔 때면 항상 새로운 사람들과 만난다. 동아리에 가입하거나 외부 교육이나 실습에서도 전에는 알지 못했던 사람들을 처음 만난다. 시간이 조금 걸리기는 하지만 어떤 사람과는 친하게 지내고 싶고, 어떤 사람은 가까이하고 싶지 않다고 결정한다. 서로 호감을 느껴야 관계가 성립된다.

첫인상이 중요한 이유는 행동 습관, 표정, 말투를 통해 그 사람의 생각과 성격이 드러나기 때문이다. 평소에 사소한 습관, 말투, 행동에 신경 써야 하는 이유다. 어떤 지원자들은 자기가 전달하고 싶은 말을 잘했다고 생각하는데 왜 불합격 통지를 받는지 이해하지 못한다. 이유는 의외로 단순하다. 바로 호감을 사지 못했기 때문이다. 조직에서 다양한 사람을 접해본 사람들은 나름의 경험치(대인관계 데이터베이스)가 있다. 실제로 인성면접에서 3명의 위원 중 1명이 임원인데, 후보자에 대한 평가가 엇갈리면 전적으로 임원의 판단에 맡긴다. 임원이 함께 일하고 싶은 팀원으로 지원자를 뽑기 때문이다. 결정하기 어렵다면 모험하지 않고 불합격 결정을 내린다. 특

히 미래의 인재를 선발하는 데 불확실한 판단은 배제한다.

결국 첫인상은 태도로 결정된다

그 사람에 대한 정보는 대부분 말보다는 비언어적인 요소인 버릇, 표정, 말투로 전달된다. 첫인상이 좋은 사람에게 마음을 여는 것이 인지상정이다. 면접위원이라고 다르지 않다. 첫인상이 좋지 않은 지원자에게 호감을 보일 사람은 없다. 자신감도 없고 당당하지도 않고 소심하고 주눅 들어 있는 모습은 면접에서 금물이다. 만만한 사람으로 인식되어서 일 처리를 제대로 할 수 없다는 걸 스스로 증명하는 셈이다.

표정, 눈빛 57.3%
자세, 태도 55.8%
말하는 내용 53.0%
말하는 방식 26.5%
목소리 16.8%
전체적인 분위기 16.2%
외모 10.3%
복장/헤어스타일 9.4%
제스처(손짓/발짓) 6.8%

(출처 : '인사 담당자가 꼽은 첫인상 결정 요인', 잡코리아, 2018)

면접위원들은 질문에 해박한 지식으로 답변하는 것보다는 지원자의 첫인상이나 답변하는 태도를 더 중요하게 평가한다. 첫인상은 말보다는 주로 태도로 결정되기 때문이다. 기업에서도 지원자들이 갖고 있는 지식은 변별력이 없다고 본다. 입사 후에 사내 교육과 연수 등을 통해 직무 역량을 키우면 해결할 수 있다. 첫인상부터 면접위원을 리드하지 못하면, 면접하는 내내 힘든 과정이 된다. 첫인상은 마법과 같은 설득력이 있다. 단지 겉으로 보이는 모습이 괜찮다는 뜻이 아니다. 내면의 긍정적인 힘은 표정, 말투, 태도에 배어나고, 이것이 첫인상을 심어준다는 사실을 명심하자.

20장

면접할 때 배우가 연기하듯이 하면 통할까요?

기업은 면접전형을 홍보할 때 소요 시간을 약 30분이라고 공지하지만 대부분 15분 이내에 끝난다. 그 정도 시간이면 더 이상 물어볼 내용이 없을 정도로 판가름 난다. 직무면접을 먼저 치르고 나서 합격자 대상으로 다른 날에 인성면접(임원면접)을 치르는 곳도 있고, 하루에 2가지 면접을 동시에 치르는 기업도 있다. 직무면접이라고 해서 인성 영역을 평가하지 않는 것은 아니다. 수강생들은 면접이 끝나고 나면 어떤 질문을 받았고, 어떻게 답변했는지 복기해서 내용을 공유한다. 그리고 자신의 면접을 다음과 같이 요약한다.

K군 : 인성면접에서 잘 대답했습니다. 분위기는 좋았고요. 이번엔 붙을 것 같아요.

B양 : 면접 후에 피드백을 받았는데 자신감도 있어 보이고 답변을 잘했다고 했어요. 나름 잘한 것 같아요.

P군 : 압박 질문을 많이 받았어요. 답변하는 데 너무 힘들었고 제대로 말도 못했어요. 이번에도 망친 것 같아요.

O양 : 가운데 앉은 분이 임원 같은데 저한테 관심이 없었나 봐요. 질문을 하나도 안 하던데요. 떨어진 것 같아요.

K군과 B양은 실제로 면접에서 탈락했다. 반면 P군과 O양은 합격했다. 면접위원은 현장에서 합격, 불합격과 관련한 어떠한 힌트도 주지 않는다. 지원자가 느낀 것을 주관적으로 해석해서 합격, 불합격을 단정해서는 안 된다. 특히 본인은 망친 것 같은데 면접위원은 합격을 결정하기도 한다. 기업은 단순한 기준으로 인재 선발을 결정하지 않는다.

배역은 신입사원, 메소드 연기가 필요하다

면접에서 성과를 내기 위해서는 '메소드 연기'를 하면 도움이 된다. 메소드 연기는 배우가 극 중 상황을 자의적으로 판단해 연기하는 것이 아니고, 해당 인물이라면 어떤 표정, 어떤 어조, 어떤 행동을 할지 생각하며 연기하는 것을 말한다. 이것을 면접장에서 진짜 연기를 하라는 것으로 받아들인다면 오해다. 메소드 연기를 언급하는 이유는 지원하는 기업의 신입사원이라는 정체성을 갖고 면접에 임하라는 뜻이다. 면접위원이 자신의 상사라 여기고, 질문의 요지에 대응하는 내용으로 답변해야 한다.

상대방의 의도를 파악하지 않고, 자기가 하고 싶은 말, 즉 자기만 가진 정보를 나열하면 '지식의 저주'에 빠질 수 있다. 지식의 저주는 내가 하는 말을 상대방이 잘 이해하고 있다고 착각하는 걸 의미한다. 면접에서 전달하는 정보는 상대방의 의사 결정을 긍정적인 방향으로 이끄는 역할을 한다. 목적 의식 없는 단순한 정보 나열은 언어 공해에 지나지 않는다. 면접 위원들은 다른 사람을 배려할 줄 모르는 건 인성(人性)의 문제이고, 문해력이 떨어지는 건 지성(知性)의 문제로 평가한다. 지원자가 이 두 영역을 만족시키지 못하면 좋은 결과가 나오기 어렵다.

배우가 하는 일을 생각해보면 이해할 수 있다. 배우가 새로운 작품에 캐스팅되면 익숙했던 과거의 캐릭터를 연기하는 것이 아니라 새로운 주제와 배경에 따라 맡은 배역을 소화해야 한다. 작품에서 맡은 인물의 비중에 따라 연기의 농도를 조절한다. 말투, 행동거지, 의상, 헤어스타일 등을 배역에 걸맞게 바꾸고 끊임없이 연습한다. 배우들은 연습과 노력의 결과물로 평가받는다. 좋은 평가를 받으면 다음에도 어렵지 않게 섭외되지만, 그렇지 못한 경우에는 배역 제의를 받기가 쉽지 않다. 장소와 상황만 다를 뿐 취준생도 마찬가지다. 예를 들어 삼성전자 반도체 엔지니어가 희망이라면, 바로 이 순간부터 '삼성전자 예비 신입사원 ○○○'이라는 정체성을 가져야 한다.

성은 양은 현재 삼성전자 파운드리 사업부에서 엔지니어로 근무하고 있다. 면접을 대비하면서 5가지를 당부했는데 최종 합격했다. 5가지 중 맨 먼저 강조한 내용은 '신입사원의 정체성'을 가지라는 것이다. 성은 양은 다음과 같이 합격 소감을 전해왔다.

불안하면서도 간절했던 마음 때문이었는지 모의 면접을 하면서 울었습니다. 선생님이 강조하신 면접 성공 비결 5가지를 정리해서 컴퓨터 바탕화면에 깔아놓고 하루에도 몇 번씩 읽고 또 읽었습니다.

1. 정체성: 나는 구직자가 아닌 예비 신입사원이다.
2. 태도: 면접에서는 '태도'가 가장 중요하다.
3. 열정과 패기: 면접위원의 호감을 사는 강력한 무기다.
4. 스토리텔링: 생각 정리가 중요하다. 내 이야기에 공감하도록 설명한다.
5. 면접 주도권: 면접의 분위기는 지원자인 내가 주도한다.

정말 인생의 좌우명처럼 되뇌며 '삼성전자 예비 신입사원'의 마음가짐을 가지려고 부단히 노력했습니다. 반도체와 조금도 관련 없는 전공자임에도 불구하고 합격할 수 있었던 것은 비전공자이지만 반도체 엔지니어가 되겠다는 저의 열정이 전달되었기 때문인 것 같습니다. 2년이 넘는 공백기에 여자로서 나이 때문에 걱정과 고민이 많았습니다. 하지만 끝까지 포기하지 않고 '할 수 있다'라는 긍정적인 생각으로 면접위원들을 설득하려고 노력했습니다.

가공의 연기력이 아닌 마음을 전달한다

성은 양의 사례처럼 5가지 비결을 연기에 빗대어 면접이라는 드라마에 적용해보자. 면접위원은 지원자가 문을 열고 들어오는 순간부터 TPO에 맞게 용모 단정한지, 의관정제(衣冠整齊)는 제대로 되어 있는지 살핀다. 그 순간부터 평가가 시작된다. 면접위원들은 첫인상에서 지원자에 대한 신뢰성과 진솔함을 느낀다. 예의와 마음가짐이 바른지, 태도와 행동을 보고 평가한다. 지원자의 표정을 포함한 외모는 상대방에게 신뢰감과 바른 언행을 보여준다. 면접을 시험 보듯이 벼락치기로 암기하고 준비하는 것은 바람직하지 않다. 반드시 그 회사 직원이라는 정체성을 갖고 면접에 임하기를 바란다.

기업에서 10분 드라마를 찍는다는 생각으로 면접을 준비하자. 내가 하고 싶은 말만 정리하지 말고 상대방이 무엇에 관심 있을지 파악하여 소재를 정리해야 한다. 군인들은 작전을 실행하기 전에 도상 연습과 훈련으로 만반의 준비를 하고 작전에 임한다. 그래야 승리할 수 있기 때문이다. 운동선수들이 연습에 몰두하는 이유는 연습한 만큼 실전에서 기량을 발휘할 수 있기 때문이다. 면접은 벼락치기, 임기응변으로 대처할 수 없다. 면접위원은 항상 다음 질문에 대한 답변을 기다리고 있다는 것을 기억하자. 평소에 생각해두지 않으면 답변하기 쉽지 않다.

그래서 지원자가 우리에게 전달하고 싶은 메시지는 무엇인가요?

정보를 해석하여 합격의 기회를 붙잡자

"선생님, 저 합격했어요. 감사합니다!"
"그래요? 잘됐습니다. 축하합니다!"
"선생님 덕분입니다."
"정민 군이 잘해서 합격한 겁니다."

정민 군은 삼성전자 반도체 부문에 최종 합격했다. 정민 군을 처음 만났을 때가 기억난다. 가장 큰 두려움이 무엇인지 물었다. 우선 자기소개서 작성 방법을 모르겠다고 했고, 그다음에는 스펙에 자신이 없다고 했다. 그 외에 어려운 점은 무엇인지 물었다. 취업 정보를 많이 모으기는 했는데 활용 방법을 모른다고 했다. 즉, 어떻게 분석할지 모르겠다는 뜻이었다.

작성한 자기소개서를 점검해보니 정민 군이 겪고 있는 문제가 무엇인지 금방 눈에 들어왔다. 우선 질문의 요지가 무엇인지 모르는 상황이었다. 그도 그럴 것이 정작 반도체 산업은 물론 가고자 하는 삼성전자에 대해서도 잘 모르는 상황이었다. 자기소개서 답변 내용은 채용 담당자가 관심을 가질 만한 소재보다는 대부분 자신의 과거 이야기를 나열하며 회사에 들어가고 싶다는 희망 사항뿐이었다.

자기소개서를 작성하는 목적을 물어보니 제대로 생각해본 적이 없다고 했다. 다행히 서류 마감일까지는 여유가 있었다. 적절한 솔루션을 찾아 이 문제들을 차근

차근 해결해나가기 시작했다.

먼저 자기소개서 관련해서 정민 군이 스스로 생각하도록 질문했다.

- 삼성전자 반도체 부문이 무엇을 하는 회사인가요?
- 삼성전자는 신입사원을 왜 뽑을까요?
- 채용 담당자는 자기소개서에서 어떤 내용을 보고 싶어 할까요?
- 채용 담당자는 어떤 지원자를 선호할까요?

기본이지만 굉장히 중요한 질문이다. 정민 군은 성실하게 답했지만 조금 더 깊이 들어가서 질문하면 말문이 막혀버렸다. 예를 들어 자기소개서를 쓰는 이유를 물어보면, 일 잘할 것 같은 사람을 선발하기 위해서라고 대답했다. 그러면 어떤 사람이 일을 잘하는 사람이냐고 물으면 그저 시키는 일 잘하는 사람 정도의 대답밖에 나오지 않았다. 질문의 요지를 깊이 생각해본 적이 없기 때문이다.

취업 준비의 전 과정은 장기나 바둑처럼 상대방의 생각을 읽는 것과 같다. 결정적으로 정민 군은 합격하기 위한 전략이 없었다. 많은 정보를 가지고 있었지만 어떻게 해석해서 활용할 것인지에 대한 방안이 없었다.

정보를 분석해야 방향이 보인다

지피지기 백전불태(知彼知己 百戰不殆), '적을 알고 나를 알면 백 번 싸워도 위태롭지 않다'는 뜻이다. 《손자병법》에서 전략과 관련해 가장 많이 인용되는 말이다. 지원자는 먼저 반도체 산업과 삼성전자 반도체 부문에 대한 정보부터 분석해야 한다. 기업에 대한 정보는 주로 금융감독원의 전자공시(http://dart.fss.or.kr)에서 '사업보고서'를 참고하면 된다. 또한 해당 기업에서 운영하는 홈페이지와 SNS 등을 참고해서 희망하는 직무에 관한 내용을 파악할 수 있다.

취업에 성공하려면 기업이 제공하는 기본 정보를 체계화하는 능력이 필요하다. 산업과 기업을 분석하고 정보를 취합하여 핵심 내용을 정리해야 한다. 그 후에 직무를 분석하여 지원할 직무를 결정하고 자기소개서를 작성해야 비로소 채용 담당자와 소통할 준비가 끝났다고 할 수 있다.

먼저 삼성전자와 관련된 내용을 전반적으로 파악해야 한다. 그리고 채용 담당자의 관점으로 자기소개서를 쓰는 이유를 생각해본다. 취업은 정답이 없는 시험이기 때문에 자기의 생각을 정리하는 것이 중요하다. 자기소개서를 쓰는 이유는 채용 담당자를 설득하여 내 편으로 만들기 위해서다. 기업은 지원자가 자기들과 동질감이 형성되는 후보자인지 보기 위해 자기소개서를 요구한다.

그다음으로는 자기소개서 질문의 요지를 파악해야 한다. 무엇을 답변해야 하는지 아는 것이다. 경험으로 볼 때 10명 중에 질문의 요지를 제대로 파악하는 지원자는 한두 명 정도에 지나지 않는다. 의도를 파악하지 못하니 무엇을 묻는지도 잘 모른다.

취업 준비는 첫 단계인 취업 전략부터 제대로 된 방향으로 수립해야 한다. 그러기 위해서는 정보 수집과 분석, 핵심 내용 파악이 필수다. 기업은 대부분 채용 공지문을 게시하고 마감까지 7일에서 10일의 기한을 정한다. 공지가 난 이후에 부랴부랴 준비해서는 승산이 없다. 입사를 희망하는 기업에 합격하기 위해서는 작전 계획부터 제대로 수립해서 실행해야 한다.

모든 답변은 무엇을(what), 왜(why), 어떻게(how)로 설명한다

정민 군은 한 달 남짓 남은 기간 동안 서류전형에 대비하여 자기소개서를 처음부터 다시 작성했다. 질문의 요지에 대응하는 주제를 정하고, 소재를 논리적으로 설득하는 내용으로 정리했다. 마찬가지로 면접에서도 회사의 관점에서 자기소개와 지원 동기를 어떻게 설명할지 전략적으로 준비했다.

취업에서 가장 중요한 첫 단추는 전략 수립이다. 전략이 없으면 합격도 없다. 취업은 그저 시간을 투자해 노력한다고 해서 저절로 이루어지지 않는다. 전략을 제대로 세워야 구체적인 실행 계획이 나오고, 그에 따라 해야 할 일의 목록(action item)이 나온다. 이 목록에 '완료'라는 마일리지 도장을 하나씩 더해가야만 최종 목표인 합격에 도달할 수 있다.

워크시트 4 핵심 역량 정리

구분	내용	비고
직무 관련 역량	예) 1. 반도체 공정 실습 · Photo 장비 조작 능력 · SEM, AFM, XPS 등 분석 장비 조작 능력	· 학부 연구생 ※ 지원 직무와 연관된 전문지식 및 경험
기본 업무 역량	예) 1. 보고서 작성 능력 · PPT 작성 · 논리력, 전달력	· 컴퓨터 활용 1급 자격증 ※ 업무 시 필요한 공통 역량

핵심 업무 역량	예) 1. 재료 연구 및 개발 능력
	· S사 산업협력 과제 수행
	· 플렉서블 디스플레이용 재료 개발
		· 석사 연구 주제로 S사
		  양산화에 기여
		※ 지원 분야에서 발휘할
		  수 있는 지식과 경험

개인 역량	예) 1. 실행력 · 기획 → 구체화 → 실행 → 목표 달성	· 나만의 특성과 강점을 나타내는 역량

5부

직무 적합성

21장

직무 적합성은
무엇을 의미하나요?

기업은 신입사원을 선발할 때 2가지 측면을 집중적으로 관찰한다. 하나는 직무 적합성이고 다른 하나는 조직 적합성이다. 현업의 요구를 충족하는 인재인지 따져서 각 지원자의 채용 여부를 결정한다. 사업부나 팀에서 요구하는 인재는 3가지로 요약할 수 있다. 최고 인재, 최적 인재, 우수 인재다. 첨단 기술과 제품을 개발하는 R&D 부서라면 주로 최고의 인재를 요구하는 경향이 강하다. 마케팅, 영업과 같이 대외활동이 잦은 업무에는 최적의 인재가 적격이다. 경영지원 부서와 같은 간접 활동 업무는 주로 우수 인재를 요구한다. 어떠한 인재인지 관찰하는 기준이 바로 직무 적합성과 조직 적합성이다.

《민간분야 평가위원 Pro 과정》, 한국표준협회, 2022

그중에서 직무 적합성은 예나 지금이나 중요하게 평가하는 부분이다. 특히 ICT 기술과 첨단과학 기술이 산업 전반에서 활용되고 있기 때문에 직무 또한 고도화, 세분화, 전문화를 중시하는 추세다. 기업이 직무 적합성을 강조하는 이유이면서, 경력 있는 신입사원을 선호하는 근거다. 그림에서 보듯이 지원자의 인지 능력, 경험, 지식이 뒷받침되어야 직무 역량이 충분하다고 판단한다.

직무 수행에 필요한 지식과 경험이 중요하다

영만 군은 2020년 하반기에 SK하이닉스에 입사했다. 졸업을 앞두고 취업에 성공했다. 전공은 신소재공학으로 재료 분야였다. 학점은 중상 수준인 3.60점이었다. 여타 지원자들과는 달리 2학년 때 반도체로 진로를 정하고 대학원 연구실에서 1년 동안 연구생으로 일했다. 반도체소자를 제작하고 현업에서 사용하는 분석 장비를 조작하는 등 실제 엔지니어처럼 업무를 수행했다.

"연구실에는 왜 들어갔나요?"

"반도체 이론을 직접 현장에서 경험하기 위해 들어갔습니다."

"어떤 일을 담당했나요?"

"반도체 제조 장비와 분석 장비를 직접 조작하여 평가와 분석을 담당했습니다. 이론을 아는 것에 만족하지 않고 장비의 동작 원리, 다양한 이슈를 경험하면서 반도체 엔지니어로서 필요한 역량을 확보했습니다."

"역량이 있다는 걸 무엇으로 설명할 수 있나요?"

"실력을 인정받아 전공 과목에서 공정 실습 조교를 했습니다."

지원서의 대외활동과 경력란에 연구소 인턴 활동을 기재했고 자기소개서에서 자세히 기술했다. 서류심사에서도 이 부분을 충분히 검토하여 합격 판정을 내렸다고 판단한다. 면접에서도 위에서 물어본 내용과 비슷한 질문을 받았고, 영만 군은 지원한 직무에 자신이 최적의 인재라고 강조했다.

전공과 직무 연관성이 없으면 직무 역량(일 처리 능력)을 강조하라

지원자는 답변할 때 무엇을 했다는 것보다 어떤 역량을 확보했는지 설명해야 한다. 기업은 지원자의 과거에는 관심이 없다. 미래에 업무를 하면서 발휘할 수 있는 잠재력을 평가하는 것이다. 따라서 지원자가 회사에 어떻게 이바지할 수 있는지를 궁금해한다. 기업은 떨어뜨릴 사람을 찾는 게 아니라 뽑을 사람을 찾기 위해 면접을 본다. 면접위원들은 가능하면 지원자들이 준비한 내용을 마음껏 발휘할 기회를 준다. 뭔가 답변을 잘못한 것 같다고 여겨지면 재차 질문해서 만회할 기회를 준다. 지원자가 면접위원에게 호감을 사지 못한 이유를 요약하면 다음과 같다.

1. 직무가 어떤 일을 수행하는지 잘 모르고 있음
2. 직무 적합성이나 직무 역량 관련 질문에 학업 성취도만 강조
   (회사는 일하는 곳인데 학습하는 곳으로 오해)
3. 지원 동기가 불분명
4. 대화 중 개인주의 성향이 드러나 수용성과 적응 능력이 상대적으로 낮아 보임

어느 기업이든 맡은 직무에서 업무를 완결하고 성과를 내야 한다. 직무를 수행할 수 있는 자격과 자질이 부족하면 들어갈 수 없다. 통계에 따르면 입사한 지 채 1년도 안 된 신입사원의 퇴사율이 49%에 달한다고 한다. 퇴직 사유는 대체로 직무와 적성의 불일치가 높은 비중을 차지한다. 이는 기업이나 지원자 모두에게 비효율적인 일이다.

앞으로도 직무 적합성과 직무 역량에 대한 평가 기준은 중요할 것으로 보인다. 희망하는 기업에 입사하고 싶다면 직무 역량을 어떻게 확보하고 강화할지 집중적으로 궁리해야 한다. 공부만 잘하면 모든 게 잘 풀리던 시절은 이미 20세기에 끝났다. 지금은 21세기다.

22장

들이대는 취준생, 완벽하게 준비한 취준생 중 누구를 뽑나요?

　기업은 채용 공지를 내면서 필요한 분야에 적합한 인재가 지원하기를 희망한다. 선발은 서류전형, 필기시험, 면접전형의 단계로 이루어진다. 채용은 인사직무의 시작이다. 요즘 채용 트렌드의 중심에는 역량(competency)이 있다. 직무기술서에는 지원자에게 필요한 역량을 제시한다. 인사팀의 채용 파트는 각 직무의 특성에 맞는 최적의 인재를 어떻게 확보할지 계획을 세우고 실행한다.

　이공계 취준생은 회사가 신입사원을 왜 뽑는지 이해해야 한다. 기업의 채용 전략이 무엇인지 파악하라는 의미다. 상대방을 알아야 전략을 세울 수 있다. 기업은 미래에 필요한 인재를 채용한다. 전문가를 찾는 게 아니라 전문가로 성장할 수 있는 후보를 원한다. 기업은 항상 인재의 발굴, 확보, 양성에 큰 공을 들인다. 대기업은 대표이사의 실적을 평가할 때 인재 확보와 관련된 항목이 있을 정도이다. 그만큼 기업에서 사람을 뽑는 일은 중요하다.

취업은 배우자를 만나 결혼하는 것과 비슷하다는 이야기를 자주 한다. 결혼에 빗대어 취업을 설명하면 기업과 취준생의 입장을 명확하게 이해할 수 있다. 기업은 회사에 필요한 인재를 뽑는다. 취준생은 자기가 꼭 들어가고 싶은 기업에 입사하기를 희망한다. 취업 정보 사이트 사람인에서 390개 기업을 대상으로 조사한 결과, 직무 역량 평가 비중이 크다는 결과를 발표했다.

직무 역량은 프로젝트 수행 경험, 관련 인턴 경험 등 실제 업무와 관련된 부분을 평가하는 것으로 나타났다. 실무와 관련된 지식과 경험을 검증하기 때문에 이 항목들이 중요하다고 답변했다. 이공계 취준생들이 주목할 부분은 설문조사에서 보여주는 요소나 비중이 아니다. 웬만한 취준생은 직무 역량을 하나둘 정도는 갖고 있다. 중요한 건 경험이나 지식이 아니라 이러한 내용을 전달하는 의사소통 능력이다. 비슷한 수준의 지식과 경험에도 불구하고 합격과 불합격으로 갈리는 경우가 많다. 기업에서 지원자를 평가할 때 중요하게 보는 영역은 다음과 같다.

구분	평가 항목	세부 평가 항목
임원면접	개인 품성	가치관, 도덕성, 신뢰성, 정직성, 인내력, 긍정성, 겸손
	대인관계	협조성, 친화력, 배려심, 포용력, 팀워크
	조직관/기업관	기업관, 조직관, 주인의식, 희생정신, 로열티
	적극성/열정	주도성, 적극성, 추진력, 목표 의식
직무면접	직무 능력	전문지식, 기술, 경험
	직무 동기	직무 관련 관심, 흥미, 열정, 적성
	창의성	아이디어 발상, 독창성, 분석력, 유연성, 문제의식, 현실성
	의사소통	이해력, 논리력, 표현력, 설득력

(출처: 《삼성은 독종을 원한다》, 김기주, 이콘)

기업은 대표적으로 직무 적합성과 조직 적합성으로 나눠 다양한 항목으로 지원자를 평가한다. 위의 8개 평가 항목을 모두 갖춘 지원자라면 S나 A+ 등급으로 합격 판정을 받는다. 하지만 그런 인재는 드물다. 임원면접은 모든 항목이 중요하지만, 개인 품성과 대인관계 항목이 특히 중요하다. 다른 평가 항목에서 모두 최상의 평가를 받았다고 해도 이 두 항목에서 부족하면 합격하기 어렵다. 직무면접 영역에서는 면접위원마다 차이는 있겠지만 의사소통 역량이 가장 중요하다. 아무리 지식과 경험이 많다고 해도 소통이 안 되는 지원자는 낮은 전달력과 설득력으로 문제가 될 수 있기 때문이다.

모든 항목을 만족하는 완벽한 지원자는 없다. 취준생을 지도하다 보면 다음과 같은 말을 자주 듣는다.

"준비가 안 되어서요."

"직무 경험이 없어서 인턴 좀 해보려고요."

"영어 점수 좀 더 올린 다음에 지원할 겁니다."

무슨 준비가 덜 되었냐고 물으면 대부분 구체적으로 무엇이 부족한지 콕 짚어서 대답하지 못한다. 자신감이 없어서 스스로 부족하다는 느낌을 습관적으로 내뱉는 것에 지나지 않는다. 자기 이해가 부족한 지원자의 모습이다. 요즘은 직무 적합성 위주로 평가한다고 하니 무턱대고 인턴십을 하겠다는 취준생도 있다. 바람직한 선택은 아니다. 3, 4학년이라면 권해볼 만하지만 이미 졸업했거나 졸업 유예 상태라면 인턴십보다 취업 준비를 하는 편이 더 바람직하다.

채용 담당자는 실무 경험을 유심히 본다. 수시채용이 일반화되면서 경력을 갖춘 지원자들을 더 선호하는 추세이기 때문이다. SK하이닉스는 2021년 수시채용부터 주니어 텔런트(Junior Talent) 채용을 추가했다. 해당 직무의 저연차 경력자를 대상으로 선발하기 위해 지원서와 100자 이내의 간단한 자기소개만으로 서류 평가를 한다. 별도의 자기소개서 작성은 요구하지 않는다. 그만큼 경력을 중시한다는 의미다.

기업은 학교처럼 시험문제를 내서 답안을 평가한 후 성적순으로 사람을 뽑지 않는다. 학교는 정형화된 지식을 평가하지만, 기업은 지원자에 대한 전반적인 평가를 통해 선발한다. 이때 전제조건이 '완벽한 후보자는 없다'이다.

다양한 가치가 공존하는 시대이다. 기업은 과거에 한 가지만 잘했던 사람보다는 미래의 성장을 주도할 수 있는 인재를 원한다. 호기심으로 가득하고, 다양성을 받아들이며, 새로운 기술과 트렌드에 잘 적응하는 후보를 원한다. 준비된 다음에 무엇인가 하려는 사람보다 일단 들이대며 문제를 해결하려는 도전적인 사람을 선호한다. 채용 담당자나 면접위원은 완벽하게 준비된 지원자를 뽑는 게 아니라는 사실을 기억하자.

23장

군대 경험을
소재로 써도 될까요?

군대 얘기를 해보려고 한다. 다음과 같은 질문을 한 취준생이 여러 명 있었다.

"대기업 면접관들은 군대 경험 얘기를 싫어한다던데요?"

"본인은 어떻게 생각하나요?"

"굳이 얘기하지 않는 게 나을 것 같아요."

"군대 경험처럼 좋은 소재가 없다고 보는데요."

"네? 정말요?"

"잘 생각해보세요. 2년 동안 명확하게 업무 분담을 해서 시스템과 절차에 따라 과업을 수행했다는 건 대단한 경험 아닌가요?"

남자라면 대부분 군 복무를 한다. 훈련소에 입소하자마자 맨 먼저 자세와 목소리, 말투가 바뀐다. 앉으나 서나 허리를 꼿꼿이 세우고 당당하게 가슴을 펴도록 교육받는다. 목소리는 짧고 굵게 아랫배에서 힘차게 내도록 지시받는다. 절도 있게 말하고, 분명하게 끝맺도록 교육받는다. 명령하는 쪽이나 받는 쪽 모두 요점만 추려서 명확하게 의사를 전달한다.

자세가 바르지 않고 어깨는 구부정하고 목소리에 힘이 없다면 간부든 병사든 확신과 자신감이 부족하다는 평가를 받는다. 상호 신뢰가 형성되기 어렵다는 의미다. 군대는 명령 체계가 중요하기 때문에 구성원 간에 신뢰가 없으면 유지되기 어려운 조직이다. 기업도 별다르지 않다.

취업 준비 과정에서 소재 정리가 중요한데, 소재가 부족한 경우 반드시 묻는다.

"군대는 다녀왔나요?"

간부로 복무했거나 해병대를 지원한 경우를 제외하면 자발적으로 갔다고 대답하는 이들은 거의 없다. 대부분 군대에 가고 싶지 않았지만 의무이기 때문에 '군대는 갔다 왔다'고 표현한다.

"군 생활 내내 능동적이었나요, 아니면 수동적이었나요?"

대부분 수동적이었다고 대답한다. 군 생활에 대해 긍정적이지 않기 때문이다. 이럴 때는 생각을 바꿔보라고 권한다. 군대 경험을 긍정적으로 해석하면 소재 거리가 다양하게 나올 수 있다.

준석 군은 장교로 군 복무를 마쳤다. 제대 6개월을 남겨놓은 시점에 휴가를 내고 찾아왔다. 대학에서는 기계공학을 전공했다. 부대에서 보직은 소대장으로 제대와 동시에 진로를 어떻게 정할지 고민하고 있었다. 산업과 기업을 정하지는 않았는데 전공을 살릴 수 있는 업무를 하고 싶다고 했다. 생산 관련 엔지니어 직무가 적합할 것으로 판단했다.

기계공학 전공지식은 제대 전까지 핵심 내용을 정리하도록 했다. 자기소개서와 면접을 대비한 소재 정리를 위해 군대에서 경험한 내용을 이야기해보라고 했다. 대체로 소대장 임무 위주로 나열했다. 과업 위주가 아닌 조직 구성원과의 이슈 위주로 소재 정리 시트에 정리했다. 주로 조직 내에서 상관, 동료, 나이 많은 부사관, 소대원들 간에 일어난 갈등과 협력했던 이슈를 상세하게 기록했다. 준석 군의 장단점을 확인할 수 있었다.

"지휘 문제로 갈등을 겪은 상황이 무엇인가요?"

"행정보급관이 소대장인 저와 사전 협의 없이 소대 병력을 차출하여 그 일로 크게 다툰 적이 있습니다."

"문제의 원인은 무엇이었나요?"

"중대장이 전날 내린 폭우로 유실된 진지의 복구를 행보관에게 지시하면서 지휘 계통에 혼선이 발생한 문제였습니다."

"그래서 이 문제를 어떻게 해결했나요?"

"일단 상급자인 중대장의 지시에 따라 병력을 다시 진지 공사에 투입했고, 행보관의 업무 영역과 소대장의 지휘 계통에 혼선이 재발하지 않도록 정리하였습니다. 저녁에 중대 간부 회식을 하면서 오해를 해소하였고, 이후 더욱 돈독한 관계를 유지했습니다."

대졸 신입 엔지니어가 현장에 가면 흔히 겪을 수 있는 것과 유사한 사례였다. 조직 생활을 하다 보면 사안의 경중과 관계없이 종종 갈등 구조가 형성된다. 핵심은 갈등 상황이 발생했다는 것 자체보다 갈등을 어떻게 해결하는가에 있다. 경험이 부족한 경우 무조건 원칙과 수직 관계로만 해결하려고 한다. 그러나 사람 간의 갈등은 직책이나 나이로 해결되지 않는다. 먼저 상대방을 이해하려고 노력해야 한다. 갈등의 원인을 분석하고 가장 효과적인 해결책을 찾아야 한다.

준석 군은 이 상황뿐만 아니라 다른 사례에서도 문제를 해결하는 능력이 돋보였다. 특히 의사소통에 뛰어났다. 소재가 군대 이야기임에도 불구하고 자신의 장점이 돋보이게 전달했다. 준석 군은 포스코에 합격하여 생산관리 엔지니어 직무를 수행하고 있다.

통신병으로 입대했던 종대 군이 있다. 대학에서 전자공학을 전공하다가 입대했다. 전공 때문인지 주특기를 통신으로 받아 특전사에서 복무했다. 군 생활이 체질에 맞았는지 특전부사관으로 임관하여 복무 기간을 연장하였다. 군 생활을 연장한 이유를 물었다.

"의무 복무로 마치지 않고 부사관으로 연장 복무한 이유가 있나요?"

"병사로 제대할 수도 있었지만, 특전부사관을 한번 해봐야겠다는 목표가 생겨서 도전했습니다."

"특전부사관 생활을 통해 얻은 것 중에 가장 소중한 경험은 무엇이었나요?"

"천리행군을 하면서 '안 되면 되게 하라'는 부대 구호가 그냥 말뿐이 아니었다는 걸 직접 체험했습니다. 이후 목표를 세우면 반드시 해내고 마는 추진력과 끈기를 키웠습니다. 덕분에 제 가치관이 '안 되면 될 때까지'로 바뀌었습니다."

종대 군은 삼성전자 메모리 사업부에 합격하였다. 물론 군대 이야기만을 소재로 면접위원을 설득하지는 않았다. 군대 경험이 종대 군의 적극적이고 긍정적인 자아상을 형성하는 데 큰 바탕이 되었다는 사실을 인정할 수밖에 없다.

일체유심조(一切唯心造)라는 말이 있다. 세상 모든 일은 마음먹기에 달렸다는 뜻이다. 군대 경험은 해석하기 나름이다. 부정적인 시각으로만 보면 본인에게 도움이 된 내용을 소재로 활용하기 어렵다. 반면 긍정적인 관점으로 해석하면 상대방의 호감을 살 만한 스토리텔링을 할 수 있다. 기업은 추구하는 목표만 다를 뿐 군대 조직과 유사한 점이 많다.

24장

이공계 전공인데
마케팅 직무에 지원할 수 있나요?

　요즘은 영업·마케팅 직무에 관심을 보이는 이공계 취준생이 늘어나고 있다. 이공계는 전공을 살려 생산 관련 현장이나 연구소로 가는 걸 당연하게 생각하던 시절이 있었다. 지금은 시대가 바뀌었다. ICT(정보통신기술)가 기업 업무의 주축을 이루면서 직무 영역의 구분이 더욱 세분화되고 있다. 기업은 기술영업, 영업·마케팅, 사업기획, 특허기획, 경영지원 직무에서도 이공계 전공자들을 필요로 하는 추세다.

　그중에 영업·마케팅 직무는 한때 인문계가 도맡다시피 했다. 주로 어학과 경영 계열 전공자들이 담당했다. 우리나라는 전체 GDP의 30% 정도를 제조업이 담당하고, 세계 10위권의 교역 국가다. 그러다 보니 수출 업무를 담당하는 전문가들이 필요했다. 대학의 무역학과 또는 국제경제학과를 통해 무역 전문가를 배출하던 시절도 있었다. 영문과를 비롯해 교역 해당국 외국어 전공자를 많이 채용하여 인문계를 우대하기도 했다.

영업·마케팅 직무는 전공 구분 없이 채용한다

21세기에 들어서면서 반도체, 디스플레이, 스마트폰, 전자제품, 이차전지 등의 첨단제품 제조업체가 세계시장을 주도하고 있다. 삼성그룹은 1993년부터 영업·마케팅 직무를 포함한 각 부서 담당자들을 전 세계 각국에 파견하여 지역 전문가로 육성하고 있다. 1년 동안 해당 국가에 파견되어 언어, 문화 등을 집중적으로 연구하고 경험하는 제도이다. 복귀하면 해당 국가의 영업·마케팅 담당으로 근무한다. 특히 이공계 출신들이 영업·마케팅 직군에서 두각을 나타내기 시작했다.

실제로 2000년대 중반부터는 영업·마케팅 부서에서 인문계 출신보다 어학 실력을 갖춘 이공계 출신을 선호하는 비중이 늘어나고 있다. 인문계가 강세를 보이는 금융계도 최근 핀테크(Fintech), 블록체인(Block Chain) 등 4차 산업혁명 추세에 맞춰 IT 기반의 공학도를 선호하고 있다. 물론 전공 제한은 없으나 주로 이공계 출신들이 취득하는 자격증을 우대 사항으로 명시한다. 제조업뿐만 아니라 금융 서비스 업계에서도 이공계 출신 수요가 늘어나고 있다.

특히 외국계 기업에서 이런 추세가 더욱 두드러진다. 한국에 진출한 외국계 기업은 금융을 제외하고 대부분 부품, 장비, 원·부자재를 공급하거나 컨설팅 같은 서비스를 제공하기 때문에 이공계 전공 인력을 선호한다. 주로 기술영업 직무로 분류하는데 역할은 크게 2가지로 나뉜다. 고객사에 대한 기술 지원과 한국 시장에 대한 영업·마케팅 활동이다. 영업·마케팅만 담당한다면 문과 출신으로 충분하지만, 기술 관련 분야가 추가되면 주로 공학 계열 후보자를 선호한다.

이공계는 모든 직무에서 환영받는다

이제 기업에서는 영업·마케팅 직군을 관련 전공으로 제한하지 않는다. 경영학을 전공했다고 마케팅 업무를 잘할 수 있다고 판단하지 않는다는 의미다. 마케팅의 기본은 트렌드를 읽는 것으로 시작한다. 시장 트렌드, 기술 트렌드 2가지다. 첨단 기술력으로 경쟁하는 지금은 기술에 대한 이해 없이 마케팅 업무를 수행하기 어렵다.

마케팅 업무는 크게 상품기획, 마켓 센싱, 마켓 커뮤니케이션 3가지로 구분한다. 상품기획은 시장의 흐름을 읽고 고객이 어떠한 상품을 원하는지 파악한 후 내부의 자원을 동원하여 타깃 제품을 만드는 업무를 수행한다. 마켓 센싱은 기업의 경영 전략을 수립하고 실행하는 데 필요한 의사 결정을 돕는 역할이다. 시장 트렌드, 기술 트렌드, 경쟁사 현황 등 중요한 시장 변수 요인을 미리 파악하여 방향을 제시한다. 마켓 커뮤니케이션은 주로 고객과의 접점, 예를 들어 전시회, 컨퍼런스, 매체 광고, 체험 행사 등을 수행하는 업무다.

상품기획과 마켓 센싱은 기술과 관련된 지식과 경험이 없으면 수행하기 쉽지 않다. 기업은 상황에 따라 마케팅 인력을 기존의 엔지니어 인력에서 선발하기도 한다. 물론 이공계 출신으로 처음부터 마케팅이나 영업으로 시작하는 사례도 있다. 이공계라고 해서 반드시 엔지니어나 연구개발만 하라는 법은 없다.

이공계이든 문과 계열이든, 지원 분야가 엔지니어이든 영업·마케팅이든 반드시 다음 사항을 게을리하면 안 된다.

1. 산업, 기업, 직무 관련 용어에 익숙해야 한다.
2. 산업 트렌드를 분석한다.
3. 회사의 사업 내용과 경영 현황을 파악한다.
4. 주요 제품의 작동 원리를 숙지한다.
5. 제품의 생산 공정에 대해 공부한다.
6. 지원 직무기술서를 분석하고 연구한다.

이공계 출신 지원자들을 위해 한 가지 사실을 알려줄까 한다. 요즘은 이공계 출신 경영자들이 많이 배출되고 있다. IT 기술의 발전으로 전 산업 분야에서 4차 산업혁명이 화두다. 혁신 기술로 만든 제품과 서비스가 떠오르면서 과학적이고 공학적인 배경을 가진 경영자가 환영받는다. 물론 이공계 출신 경영자들이 신입사원 때부터 경영자를 희망한 건 아니다. 하다 보니 적합한 경영자 후보가 된 것이다. 이공계 출신이라고 엔지니어나 개발 직무만 선택해야 한다는 생각은 버리자. 본인의 의지와 열정이 있으면 무슨 일이든 할 수 있다. 이것이 기업에서 바라보는 인재관이다.

25장

창의성이 중요한가요?

삼성그룹 계열사는 면접을 창의성면접, 직무면접, 인성면접 등 3가지로 나누어서 실시한다. 코로나 팬데믹으로 당분간 창의성면접을 생략하는 계열사도 있다. 직무나 인성 영역보다 비중이 높다고 할 수는 없지만, 지원자의 사고 유연성이나 발상력을 엿볼 수 있는 면접이다. 창의성 하면 떠오르는 단어들이 있다. 다음에 제시한 단어들을 보고 사전을 찾지 말고 본인이 생각하는 뜻을 옆에 간단히 적어보자.

1. 새롭다

2. 독창적이다

3. 기발하다

4. 똑똑하다

5. 통찰력 있다

6. 혁신적이다

7. 천재

8. 발명

9. 아이디어

10. 해답

기업에서 이 단어들을 어떤 의미로 해석하는지 상상력을 발휘해서 적어본다. 실제 현업에서 일어나는 일에 비추어 해석해야 한다. 예를 들어 새롭다는 것은 이전에 없었던 새로운 것이라는 의미도 있지만, 이전의 것을 응용하여 변형하거나 개선한 것일 수도 있다. 기업은 실용적인 가치를 중시하기 때문이다.

다음은 삼성전자에서 실제로 창의성을 테스트하기 위해 제시한 문제다. 머리를 식힌다 생각하고 풀어보기를 바란다.

문제 1

유동 인구가 많은 지역에 있는 분식집이 맛과 서비스가 좋기로 소문났다. 또한 SNS 홍보로 인기가 높아졌다. 그러다 보니 점심 식사 시간이되면 손님이 몰려서 대기 시간이 늘어나 손님들 사이에 불만이 퍼지기시작했다. 이에 대한 해결책을 제시하라.

문제 2

인천국제공항은 휴가철에 여행객이 많이 몰린다. 항공편은 부족하고 비행 스케줄이 지연되어 여행객이 공항 이용에 많은 불편, 또는 피해가 발생하기도 한다. 어떻게 문제를 해결해야 하는가?

문제 3

1인 가구 증가로 전자제품 트렌드 변화를 예측하고 기업의 관점에서 발생할 수 있는 문제를 정의하고 이를 해결할 방안(제품이나 서비스)을 제시하라.

기업에서는 정답을 외우는 게 아무런 도움이 되지 않는다

문제를 보면 알겠지만, 모범 답안은 없다. 같은 문제라도 만 명이 풀면 만 개의 다른 해답이 존재하는 질문이다. 창의성면접에서는 다음 3가지를 점검한다.

구분	내용	평가 역량
독창성	제시한 해결 방안은 독창적인가? 누구나 생각할 수 있는 대안은 아닌가?	독창성, 문제 파악 능력, 직관력, 통찰력, 순발력, 분석력, 문제 해결 능력, 전달력, 설득력
논리력	실현 가능한 현실적 대안인가? 주장에 심각한 논리적 오류는 없는가?	
설득력	본인의 논리를 쉽게 설명하는가? 듣는 사람을 설득하는 능력이 있는가?	

삼성의 창의성면접은 당락의 조건은 아니지만 그렇다고 소홀히 할 수

있는 영역도 아니다. 글로벌 혁신기업들이 면접에서 창의성 부분을 강조하기 때문에 향후 채용시장에서 중요한 트렌드가 될 것은 분명하다. 대기업은 신입사원이 입사하면 창의적 사고방식에 중점을 두고 교육한다.

별도의 창의성면접이 아니더라도 직무나 임원면접에서 창의성 관련 질문을 할 수도 있다. 지원자를 보고 면접위원이 어떠한 질문을 던질지는 TPO에 따라 유동적이다. 창의성면접을 별도로 준비할 필요는 없다. 창의성과 관련된 역량을 향상하기를 희망한다면 다음과 같은 내용에 주의한다.

1. 다양한 분야의 책을 읽어라.

2. 문제의 원인을 파악하라.

3. 실험정신을 가져라.

4. 눈치 보지 말라.

5. 정답을 찾지 말고 대안을 생각하라.

6. 생각을 도식화하라.

7. 모든 일에 호기심을 가져라.

단순히 엉뚱하게 생각한다고 해서 창의성과 창의력이 생기지 않는다. 지평을 넓혀야 창의적인 사고와 인식의 폭이 넓어진다. 다른 사람의 지식과 경험을 탐구하면서 자기의 사고 체계를 강화해야 한다. 모방은 제2의 창조라는 말도 있다. 창의성은 무(無)에서 유(有)를 만들기보다는 관점을 다르게 보거나 변화를 주는 것을 의미한다.

입시 위주의 교육과 수동적인 학습으로 암기와 정답 찾기에만 익숙했던 취준생에게 창의성을 기대하는 건 무리일 수도 있다. 스티브 잡스가 아이폰을 만들어낸 것과 같은 혁신적인 수준을 요구하지도 않는다. 간단한 상황을 제시하고 누구나 주어진 시간 안에 대안을 낼 수 있는 수준이다. 다시 한 번 강조하면 창의성은 기업에서 중요하게 여기는 역량이다. 앞으로도 채용시장에서 별도로 창의성면접을 시행하지 않더라도 채용 과정에서 어떠한 모양새로든 비중을 차지할 것으로 예상된다.

구글을 비롯한 혁신 기업에서 실제로 제시했던 면접 질문 중 몇 가지를 소개한다. 질문의 의도는 무엇이고, 어떻게 대답하는 게 바람직할지 생각해보자.

1. 맨홀 뚜껑이 둥근 이유는 무엇인가요?(소프트웨어 엔지니어)

2. 구글이 지메일 광고로 하루에 버는 매출은 얼마나 될까요?(마케팅)

3. 통학 버스에 골프공을 몇 개나 넣을 수 있을까요?(프로젝트 매니저)

4. 시애틀에 있는 모든 건물의 창문을 닦으려면 비용이 얼마나 들까요?(프로젝트 매니저)

5. 시계의 시침과 분침은 하루에 몇 번 겹칠까요?(프로젝트 매니저)

6. 전 세계에 피아노 조율사는 몇 명이나 될까요?(프로젝트 매니저)

7. 크기가 같은 8개의 공 중에 7개는 무게가 같고, 나머지 1개는 더 무겁습니다. 저울을 단 두 번만 사용해서 무거운 공을 찾는 방법은 무엇인가요?(프로젝트 매니저)

8. 데이터베이스를 8세 조카에게 세 문장만 사용하여 설명해보세요.(프로젝트 매니저)

9. 맥도날드 빅맥의 1년 판매량이 얼마인지 추론하세요.(데이터 분석 업무)

10. 하루에 전 세계에서 태어나는 신생아는 몇 명인가요?(SCM)

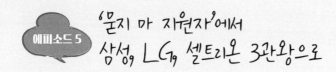

진호 군은 삼성전자에서 엔지니어로 근무하고 있다. 처음 만났을 때는 대기업 여기저기에 서류를 계속 접수하고 있었다. 그럴 만도 한 게 졸업한 지 1년이 흐른 데다 면접까지 가서는 번번이 실패했다.

자존감은 바닥까지 내려갔고 서류를 쓰기도 두렵다고 했다. 진호 군의 프로필을 검토했다. 그리고 그동안 어떻게 취업 준비를 했는지 전반적인 내용을 들어보니 전형적인 '묻지 마 지원자'였다.

먼저 희망하는 산업 5개를 고르라고 했다. 진호 군은 반도체, 석유화학, 디스플레이, 바이오·헬스, 이차전지를 선택했다. 그런 다음 여기서 2개를 제외하고 3개만 선택하라고 했다. 그는 반도체, 바이오·헬스, 이차전지를 골랐다. 선택한 산업에서 입사하고 싶은 기업을 찾아보라고 하자 다음과 같이 정리했다.

반도체: 삼성전자 메모리 사업부, SK하이닉스, ASML, AMK
바이오·헬스: 셀트리온, 삼성바이오로직스, 녹십자, 중외제약
이차전지: LG에너지솔루션, 삼성SDI, SK이노베이션

삼성그룹과 SK그룹은 중복 지원을 허용하지 않기 때문에 하나의 계열사만 선택

할 수 있었다. 결국 삼성전자, 셀트리온, LG에너지솔루션, SK이노베이션 4개 회사를 목표로 세웠다. 산업공학 전공으로 생산기획이나 품질경영과 관련된 직무 위주로 방향을 잡았다. 기업과 직무를 정한 다음에 해야 할 일은 자기 분석이었다. 자기소개서·면접 소재 정리를 통해 각 항목을 써 넣으면서 자신의 강점, 약점 등을 자세히 정리했다.

자기소개서·면접 소재 정리

기간	활동명	내용	성과 및 확보 역량	키워드

소재 정리를 하면서 4개 기업의 자기소개서를 차례대로 정리했다. 기업마다 질문 항목에 적절하게 대응하는 내용을 기술했다. 같은 소재라도 기업과 직무에 따라 내용을 다르게 쓸 수밖에 없다. 복사해서 붙여넣듯이 그대로 쓴다면 채용 담당자가 곧바로 '묻지 마 지원자'로 판단한다. 왜냐하면 비슷한 직무라고 해도 기업마다 하는 일이 차이가 나기 때문이다. 산업도 다르고, 취급하는 제품도 다른데 어디서나 통용되는 일반적인 내용을 쓰는 지원자는 채용 담당자를 설득할 수 없다.

예를 들어 삼성전자, LG에너지솔루션, 셀트리온의 생산기술 직무는 명칭은 같지만 실제로 수행하는 업무 내용은 차이가 있다. 이런 내용을 제대로 확인하지 않고 자기소개서를 작성하면 낭패를 보기 쉽다.

구분	업무 내용	전공
삼성전자 메모리 사업부	[공정기술 업무] - 반도체 8대 공정기술 개발 및 생산관리 - 공정 기반 기술 연구 공정/설비 문제 분석 및 FA 시스템 구현	전기공학, 전자공학, 재료공학, 금속공학, 화학, 화학공학, 기계공학, 물리
LG에너지솔루션	[Staff 업무] - 생산기획	전공 무관
셀트리온	[생산기술 업무] - 원료의약품 생산기술 - 완제의약품 생산기술 - 공정분석	생물, 생명공학, 화학, 화학공학, 바이오, 약학

진호 군은 취업 전략을 첫 단계부터 차근차근 실천하면서 채용 공지에 맞춰 지원서와 자기소개서를 제출했다. 다행히 모두 서류에 통과했고 최종 면접까지 올라갔다. 기초부터 철저하게 다져서 그런지 좋은 소식이 들려왔다.

"선생님, 저 3관왕 했습니다."

"오, 축하합니다! 어디로 입사할 생각인가요?"

"네, 고민 좀 해보고요. 그래도 삼성전자에 입사하려고 합니다. 선택권이 생겨서 기분이 너무 좋습니다."

한 군데 합격하기도 어려운 진호 군은 3개 회사, 그것도 업계 최고 기업의 선택을 받았다. 물론 요즘에도 심심찮게 복수의 기업에 합격하는 지원자들이 나오기도 한다. 취업을 전략적으로 준비하면 누구든 복수 합격을 경험할 수 있다.

삼성전자에 합격한다면 SK하이닉스에 합격할 수 있다는 의미고, SK하이닉스에 합격했다면 다른 회사에 합격하지 못할 이유는 없다. 왜냐하면 기업에서 지원자를 평가하는 기준은 크게 다르지 않기 때문이다.

산업과 제품과 직무의 영역은 다르더라도 지원자로부터 보고 싶고 알고 싶은 내용은 본질적으로 다를 게 없다. 부디 이 책을 읽는 이공계 취준생들이 진호 군처럼 가고 싶은 기업에 척척 합격했다는 소식이 많이 들리기를 기대한다.

워크시트 5 지원 동기

각각 500자 이내로 적어보자. 먼저 나의 관점을 적고, 그다음 회사의 관점에서 비교하며 적어본다.

지원 기업:

지원 직무:

나의 관점에서 본 지원 동기(나는 왜 이 회사에 입사해야 하는가?)

회사의 관점에서 본 지원 동기(이 회사는 왜 나를 뽑아야 하는가?)

6부

조직 적합성

26장

면접위원 중
관상만 보는 사람이 있나요?

예전에 어느 대기업에서 신입사원 면접을 볼 때 관상을 보는 점쟁이가 동석한다는 말이 떠돈 적이 있다. 사실 여부보다는 기업의 인사팀이 인재를 선별하는 데 신중하게 고민한다는 뜻으로 받아들이면 된다. 지금도 기업은 인재 확보에 가장 큰 노력을 기울인다.

면접위원들은 관상가가 아니다. 모두 해당 기업에서 20여 년 이상 재직한 베테랑이다. 업무를 임기응변으로 하지 않고 시스템과 프로세스에 따라 정공법으로 처리해온 사람들이다. 지원자 중 누구를 뽑을지 의사 결정 권한이 있는 이들은 사람을 뽑을 때 모험을 하지 않는다. 검증하고 또 검증하여 안전 제일주의로 판단한다. 또한 조직에서 업무 역량이나 인성 측면에서 평판이 좋은 사람들이다. 자기 팀원으로 함께 일할 후보자를 뽑기 때문에 동질감을 주는 지원자를 선호한다.

기업이 관상을 보는 사람에게 신입사원의 채용을 맡긴다는 것은 정말 우스꽝스러운 이야기다. 면접위원들은 경험에 따른 인적 데이터베이스를 갖고 있다. 개인의 경험이라고 하면 신뢰도가 낮지만, 조직 내에서 축적한 경험치라면 신뢰도가 높다고 할 수 있다. 통계 기반이기 때문이다. 면접위원은 평가 항목을 후보자에게 대입하여 점검한다. 면접에서는 지원자와 면접위원 간의 교감이 중요하다. 면접위원이 마치 관상가처럼 지원자를 유심히 관찰하는 이유다.

진희 양은 2년 연속 면접에서 떨어졌다. 서류전형과 직무적성 검사는 항상 합격했는데 최종 면접에서 번번이 고배를 마셨다. 면접이 끝나면 복기를 해서 어떤 질문을 받았고, 어떻게 답변했는지 꼼꼼하게 기록해놓았다. 불합격 통보를 받고 복기 내용을 아무리 들여다봐도 스스로 원인을 파악하지 못했다고 한다. 복기 내용은 별문제 없어 보였다. 그래서 지원한 회사, 직무, 프로필 등을 면밀하게 검토했다.

"왜 면접에서 계속 떨어졌다고 생각하나요?"

"그걸 잘 모르겠어요. 준비한 내용으로 완벽하게 답변했는데 뭐가 부족한지 저도 알고 싶어요."

"인턴은 전환형이었나요, 아니면 체험형이었나요?"

"전환형이었고, 인턴십을 잘 마쳤는데 그것도 안 됐어요."

인사 담당 임원이 면접할 때 특히 면밀하게 보는 부분이 있다. 면접위원은 아무런 기준 없이 무턱대고 지원자를 평가하지 않는다. 그리고 충분한 시간을 가지는 것이 아니라 짧은 시간 안에 판단한다. 면접위원마다 차이가 있지만 대체로 다음과 같은 관점으로 평가한다.

주안점	내용	비고
진솔함	·모든 면접 질문에는 정해진 정답이 없음 ·스터디 등을 통해 사전에 외운 내용은 금세 파악 가능 ·말투와 목소리로 전달되는 진정성을 판단	진실성, 신뢰성, 성실성, 태도, 가치관
자신감	·같은 상황에서 자신감 있는 사람은 다르게 보임 ·문을 열고 들어오는 순간부터 움직임을 관찰 ·말투와 목소리에서 숨어 있는 진실을 파악	마인드셋, TPO, 자존감, 당당함
눈	·답변할 때 눈을 유심히 관찰 ·자기 이야기를 하는지 다른 사례를 자신의 것으로 포장하는지 판별 ·시선 처리(eye contact) 중요	진실성, 신뢰성, 인성, 책임감, 진중함, 신중함
역경 지수	·시련의 내용, 어려움의 정도 ·시련의 의미 해석과 대하는 태도 ·시련을 극복하는 과정과 배운 인생 교훈	세상을 바라보는 관점, 도전, 투지, 긍정적 사고, 교훈, 성과

면접위원과 공감대를 형성하라

실제 면접에서 면접위원들이 가장 중요하게 보는 내용이다. 진희 양에게 이 내용을 그대로 알려주었다. 면접 후에 복기한 내용은 이상이 없었다. 다만 스펙에 너무 의존한다는 느낌이 강했다. 스펙은 서류전형 단계에서 참고할 뿐 합격의 절대 기준은 아니다. 면접 단계에서는 지원자가 스펙보다 생각이 있고 최선을 다하는지 보고 싶어 한다. 생각이 있다는 건 조직생활을 이해하고 제대로 일할 수 있는 사람인지 판단하는 근거가 된다. 최선을 다하는 모습은 열정과 패기로 일하겠다는 의지를 보여준다. 바꾸어 말하면 면접위원이 듣고 싶은 답변을 들려줘야 한다. 이 내용을 듣고 나서 진희 양은 다음과 같이 말문을 열었다.

"사실 가공한 게 있습니다."

"무슨 얘기인가요?"

"제가 공백기가 있다 보니 사실과 다른 이야기를 지어냈어요."

"공백기는 약점이 아닙니다. 공백기가 왜 발생했는지, 어떤 목적이었는지만 잘 설명하면 됩니다."

"스터디할 때 친구들이 그럴듯하다고 해줬거든요."

"어떤 상황에서든, 없는 사실을 가공하면 안 됩니다."

진희 양은 자기의 문제점이 무엇인지 금세 파악했다. 자신의 약점을 감추느라 진술하지 못했던 것 같다고 토로했다. 그래서 언급하기 싫은 약점을 다 드러내라고 했다. 대신 그 약점을 인정하고 어떻게 대응할 것인지 알려주었다. 면접에서는 어떤 순간에도 거짓된 내용을 전달해서는 안 되는 게 원칙이다. 진희 양은 한참 후에 또 면접전형에 응시했다.

"정말로 공백기 질문이 또 나왔어요."

"그래서 뭐라고 대답했나요?"

"있는 그대로 솔직히 답변했고, 이전에 계획했던 일들은 완전히 정리하고 지금 지원하는 직무에서 전문가가 되겠다고 했어요. 솔직하게 답하고 나니 너무 후련하고 기분이 좋아요."

몇 주 후에 그녀는 대기업 K사에 합격했다는 소식을 전했다. K사에서는 진희 양의 진솔함에 설득당했나 보다. 이전에는 같은 질문에 가공의 이야기를 만들어 핑계만 댔다. 아무리 그럴듯하게 지어낸다고 해도 상대방이 공감하지 못한 것이다. 말투와 눈빛에서 진솔함과 자신감이 느껴져야 한다. 진희 양은 지난 2년 동안 자신을 괴롭히던 약점을 숨기기보다 아예 드러냈다. 정공법으로 나간 게 성공 요인이었다. 면접위원은 관상가가 아니다. 하지만 관상가처럼 볼 줄 아는 안목이 있음을 명심하자.

27장

거짓말해도
들키지 않으면 되나요?

세상에는 상식대로 돌아가지 않는 일이 종종 발생한다. 어떨 때는 거짓, 조작, 공작, 유언비어 등 정도(正道)에서 벗어난 일들이 정상처럼 보이기도 한다. 그러다 보면 한 번쯤 일탈을 해봐도 되지 않을까 하는 유혹에 빠질 때도 있다. 기업은 준법 경영(compliance)을 위해 사내, 사외에서 기업윤리 가이드라인을 제시한다. 임직원이 실정법이나 규정에 어긋나는 행동을 해서 사회적 지탄의 대상이 된다면 더 이상 회사에 다니기 어렵다.

자기소개서 작성을 지도할 때 겪은 일이다. 대상은 졸업한 지 얼마 되지 않은 취준생과 아직 학부에 재학 중인 학생들이었다. 먼저 자기소개서와 면접 소재 시트에 자신의 경험을 정리하라고 했다. 각자의 소재가 정리되어야 자기소개서를 작성할 수 있다. 지원하는 기업의 질문 항목에 대응하는 내용을 기술하면, 소재의 적합성을 검토한 후 내용과 형식을 첨삭하는 방식으로 진행했다. 그중 한 학생이 질문했다.

"선생님, 거짓말은 어디까지 하면 돼요?"

귀를 의심했다. 혹시 잘못 들은 게 아닐까 하는 생각에 다시 물었다. 하지만 질문은 변함이 없었다. 그 누구에게도 자기소개서를 작성하거나 면접에서 대답할 때 거짓말하지 말라고 했는데, 대놓고 거짓말을 하겠다는 얘기를 들으니 황당했다. 그 학생에게 물었다.

"왜 소재를 거짓으로 만들어내려고 하나요?"
"제가 학부생이라 별로 쓸 내용이 없어서요."

대학교 4년 동안 정리할 내용이 없다고 해서 정말로 아무것도 하지 않은 게 아니다. 실은 생각하기 싫어서, 정리하기가 귀찮은 것이다. 그 학생은 하나만 알고 둘은 모른다. 자기의 경험을 정리하는 것보다 없는 걸 꾸며대거나, 다른 사람이 쓴 이야기를 마치 자기 것처럼 가공하는 게 더 어렵다.

기업은 지원자의 신뢰성과 진솔함을 중요하게 본다

대체로 채용 담당자는 지원자가 꾸며대는 어설픈 시나리오를 눈치채지 못할 정도로 센스가 없지 않다. 기업에 입사하기 위한 첫 만남부터 가공한 스토리로 접근한다면 대범한 게 아니라 선을 넘은 위험한 발상이다. 채용 담당자가 지원자를 보고 가장 먼저 판단하는 이미지는 신뢰성과 진솔함이다. 서류 작성의 진위에 따라 입사가 취소된다는 내용이 채용공지문 말미에 반드시 뒤따르는 이유다.

취업은 자기를 되돌아보는 것부터 시작한다. 지금까지 살아온 이야기, 가치관, 학업, 대외활동, 성과, 역량 등 모든 걸 정리해야 한다. 자신의 이야기를 정리하기 어렵다고 하소연하는 사람이 있다. 다시 한 번 강조하지만, 안 되는 게 아니라 하고자 하는 의지와 노력이 부족한 것이다. 자기 자신을 제대로 돌아보지도 않으면서 좋은 기업에 입사하겠다는 생각 자체가 모순이다. 자기가 경험한 것도 정리하지 못하면서 거짓으로 무언가 만들어낼 수는 없다.

세훈 군은 삼성전자 최종 면접을 보기 전에 임원 모의 면접을 위해 찾아왔다. 화학 전공으로 학부 2년을 마치고 다른 학교에 편입했다. 특이한 점은 대학 졸업 후 약 2년 동안의 공백기였다. 어학은 영어 외에 일본어 실력이 뛰어났다. 이 부분에 대해 다음과 같이 면접을 진행했다.

"세훈 씨는 제2외국어 실력이 뛰어난데 특별한 이유라도 있습니까?"
"네, 자기계발에 외국어 공부만큼 동기부여가 되는 게 없다고 생각했습니다. 처음에는 일본어에 관심이 있어서 공부했습니다. 하다 보니 생각보다 일본어를 배우는 게 재미있었고, 최상위 등급을 취득하겠다는 목표로 공부에 매진하여 1년 만에 목표를 달성했습니다."

모의 면접이 끝난 후 일본어 자격증을 딴 진짜 이유를 물었다. 이유는 간단했다. 30대 초반으로 타 지원자보다 나이가 서너 살이 많은 데다 지원서에 적은 어학 취득일과 등급으로 볼 때 자기계발이라기보다는 유학을 염두에 두고 취득한 듯했다. 세훈 군은 입학허가서를 받기 위해 어학 등급을 취득했지만, 코로나 팬데믹으로 입국이 무기한 연기되어 결국 유학을 가지 못했다. 게다가 집안 경제 상황도 갑자기 안 좋아져서 학업보다는 취업해야 하는 형편이었다. 면접위원들이 자기를 좋게 평가하지 않을 것 같아 사실대로 말하는 게 두려웠다고 한다.

면접은 사람과 사람이 만나는 자리다. 직접 얼굴을 맞대고 상대방에 대해 알아가는 자리다. 면접이라는 상황에서 지원자가 절대 불리한 것이 아니다. 오히려 유리한 입장이다. 왜냐하면 면접위원을 알기 위해 노력하지 않아도 되기 때문이다. 면접위원에게 온전히 자신을 보여주기만 하면 된다. 수만 명의 지원자 중 면접위원을 만나서 자기 PR의 기회를 얻는 후보자는 많지 않다. 게다가 면접위원이 좋아하는 스타일은 이미 널리 알려져 있다. 자신감에 넘치고 당당하고 떳떳한 신입사원, 무슨 일이든 적극적이고 긍정적인 사고방식으로 능동적으로 업무를 완결하는 신입사원, 바로 이런 지원자를 좋아한다. 세훈 군에게 다음과 같이 조언했다.

면접에서는 묻는 말에 절대 거짓으로 둘러대서는 안 됩니다. 내외부 상황의 변화로 유학 계획을 철회하고 삼성전자 입사로 진로를 변경할 수밖에 없었던 이유를 명확하게 설명하면 됩니다.

면접위원은 지원자가 삼성전자 엔지니어로서 목표 의식은 분명한지, 자기 생각을 자신 있게 의지를 갖고 전달하는지, 합리적인 의사 결정에 따라 취업을 선택했는지 등을 보고 싶어 합니다. 명심할 점은 스스로 약점이라고 생각하는 것에 대해 면접위원은 조금도 관심이 없다는 것입니다.

유학은 지원자에게 불리한 소재가 아닙니다. 학교 당국으로부터 입학 허가를 받기 위해 계획을 세우고 일정에 맞춰 모든 준비를 스스로 해낸 과정은 기업에서 업무를 처리하는 것과 유사합니다. 면접위원이 우려하는 부분은 입사 후 지속적인 근무 여부입니다. 지원자의 나이를 고려했을 때 엔지니어의 길을 가는 게 학업보다는 합리적인 선택이라는 걸 의지를 갖고 설명해야 합니다. 면접위원도 지원자를 볼 때 유학보다는 취업이 맞다고 생각하기 때문입니다.

취업은 꼼수로 접근해서는 성공하기 어렵다. 정면 승부를 하는 게 상대방을 설득하는 데 훨씬 도움이 된다. 정직이 최선의 방책이다. 취업에서도 예외 없는 만고의 진리다.

28장

채용 담당자가 진짜 보고 싶어 하는 것은 무엇인가요?

채용 면접에서 지원자는 많은 질문을 받는다. '예' 또는 '아니오'를 요구하는 질문은 거의 없다. 지원자의 생각을 자유롭게 표현하도록 개방형 질문을 한다. 예를 들어 다음과 같은 내용이다.

- 지원하게 된 동기는 무엇인가요?
- 지금 설명한 성취 사례를 좀 더 구체적으로 설명해주세요.
- 그 목표를 달성하기 위해 발휘한 기술적인 능력은 무엇인가요?
- 긴급 처리를 요구하는 그 상황에 어떻게 대처했나요?

채용은 지원자와 채용 담당자가 만나서 이루어지는 일이다. 단지 비즈니스라는 제한 조건이 있을 뿐이다. 사람과 사람이 만나는 데 정답이 있을

수가 없다. 대학에 입학했던 시절을 떠올려보자. 같은 전공이지만 서로 처음 만나는 사람들이 어떤 과정을 거쳐서 친해졌는지 돌이켜보면 취업 준비도 어렵지 않다는 것을 알게 된다.

대체로 시간이 흐르면서 생각과 취향이 비슷한 사람들끼리 삼삼오오 그룹을 형성한다. 한번 그룹이 만들어지면 이후에는 다른 사람이 그룹의 일원으로 들어오기가 쉽지 않다. 그들만의 문화가 형성되기 때문이다. 취업도 마찬가지다. 지원자가 원하는 기업에 들어가기 위해서는 그 기업의 핵심 구성원이 면접전형에서 합격 판정을 내려야 한다. 여기서 기업은 지원자의 지식과 경험 이외의 요소를 더 중시한다. 채용 담당자는 과연 지원자가 동질감을 주는 후보인지를 본다.

면접위원은 동질감을 느끼게 하는 지원자에게 관심이 많다

취준생들이 쉽게 간과하는 부분이 있다. 초등학교부터 대학까지 공부에 전념해온 결과, 취업도 학업과 마찬가지로 책이나 자료를 가지고 공부하면 된다고 생각한다. 그러나 현실은 전혀 그렇지 않다. 소위 스펙이 좋아도 실패하는 경우는 언론 보도를 통해서도 알 수 있고 주변에서도 실제로 흔히 일어나는 일이다.

취업 준비 과정은 지원자가 자기 자신을 되돌아보고 구체적인 계획을 그려보는 시간이다. 채용 공고가 떠서 벼락치기로 지원서를 작성하고 1차로 합격해도 면접 단계에 가면 진짜 실력이 드러나게 되어 있다. 기업의 채용 시스템은 수학 공식을 잘 외우고 응용문제를 풀어 정답을 찾는 학교의 평가 시스템과 다르다. 취업과 채용의 의미를 지원자와 회사의 관점에서 생각해야 한다. 좋은 상품이라고 해서 모두 다 잘 팔리는 것은 아니듯이 지원자가 아무리 스펙이 좋다고 해도 기업은 관심을 두지 않을 수도 있다.

이공계 취준생은 자신이 지원하는 직무에 적합한 인재라고 믿는다. 이러한 자신감은 전공 학점과 직무에 대한 지식, 관련 경험이 있으니 기업에서 뽑지 않을 이유가 없다는 인식에서 비롯된다. 틀린 건 아니지만, 채용에서 절대적인 비중을 차지하지는 않는다. 지식과 경험은 학습 영역이기에 기업에서 충분히 교육과 연수를 통해 보완할 수 있다. 반면 면접으로 평가하는 임원들은 습관 영역의 항목인 지원자의 태도, 사고방식, 예의, 가치관, 동기, 특성, 특질 등을 통해 지원자를 선발한다. 이를 도표로 표현하면 다음과 같다.

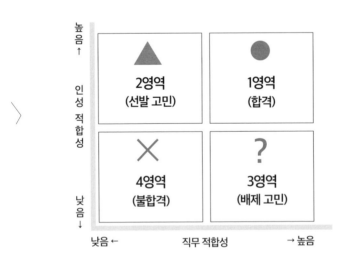

(출처: 《삼성은 독종을 원한다》, 김기주, 이콘)

면접위원은 지원자의 진솔한 모습을 신뢰한다

3영역에 속하는 지원자는 스펙은 좋지만 임원들은 조직문화와의 적합성에 필요한 인성이 부족하다고 판단하여 합격 판정을 내리지 않는다. 그동안 축적된 데이터 분석을 통해 많은 기업은 스펙이 입사 후 실무를 수행하는 능력과 일치하지 않는다는 사실을 잘 알고 있다. 기업은 향후 인재로 키워낼 자원을 확보하기 위해 신입사원을 채용한다. 단순히 노동력을 급하게 채우기 위해 인력을 충원하는 게 아니다. 2영역에 속하는 지원자는 선발 고민이라고 표현했지만 사실 합격할 가능성이 크다. 1영역은 당연히 꼭 뽑아야 하는 지원자이고, 2영역은 입사 후 사내 교육 등을 통해 직무 역량을 보완할 수 있기 때문에 합격선에 들어갈 수 있다.

면접위원은 2가지 사항에 대한 확신이 없으면 지원자에게 호감을 느끼지 않는다. 호감을 주지 못하면 합격과는 거리가 멀어진다. 첫째는 신뢰감이다. 이 지원자는 과연 믿을 만한지 본다. 둘째는 진솔함이다. 진솔하다는 것은 단순히 '솔직하다'는 것보다 더 깊은 뜻이 있다. 지원자에게 유불리(有不利)한 상황을 떠나서 바른 판단과 의사 결정을 할 수 있는지를 본다. 빙산의 일각인 지식과 경험보다는 빙산 아래 드러나지 않은 인성, 가치관, 태도, 성격, 특성, 특질, 동기 등이 더 잘 전달될 수 있도록 준비해야 한다.

29장

기업의 인재상을 표현하는 게
중요한가요?

기업은 홈페이지에 추구하는 인재상을 게시한다. 이공계 취준생은 어떻게든 자기소개서에 해당 기업의 인재상과 일치해 보이도록 표현한다. 기업은 인재상을 단어로 표현하고 의미를 설명한다. 대체로 취준생은 인재상을 자신의 언어로 재해석하지 않고 기업에서 써놓은 그대로 인용하는 실수를 저지른다.

사실 인재상은 실체가 없는 허상이다. 기업은 존재 의미를 부여하기 위해 경영철학을 정리한다. 그 과정에게 회사가 추구하는 바람직한 인재상이 정립된다. 인재상은 경영진이 일방적으로 정하는 게 아니다. 창업주나 경영진 또는 인력개발 부서에서 기업의 가치관을 정립하면서 기업의 성격, 현황, 성과, 비전 등을 고려하여 인재와 관련해 추구하는 목표를 정한다. 회사 구성원들의 공통점을 도출하고, 기업이 성과를 내는 데 가장 중요한 역량이 무엇인지 종합 분석하여 내놓은 것이 인재상이다.

이공계 취준생은 각 기업에서 정의한 내용을 되풀이하여 사용하지 말고 각자 생각하는 인재의 의미를 정리해야 한다. 대표적인 4대 그룹의 인재상을 스스로 해석해서 자기소개서 작성과 면접에 활용하면 도움이 된다.

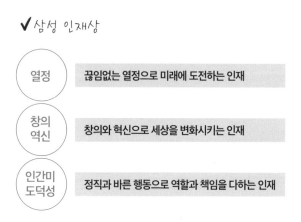

✓ 삼성 인재상

열정 · 끊임없는 열정으로 미래에 도전하는 인재

창의 역신 · 창의와 혁신으로 세상을 변화시키는 인재

인간미 도덕성 · 정직과 바른 행동으로 역할과 책임을 다하는 인재

삼성은 인재상을 열정, 창의·혁신, 인간미·도덕성으로 정리했다. 열정은 '어떤 일이 있어도 자신이 맡은 업무는 100% 완결하겠다는 의지'를 나타낸다. 창의·혁신은 '타인을 배려하면서 항상 새로운 방법을 궁리하는 것'을 뜻한다. 경쟁하면서도 동시에 함께 일하며 동료에 대한 배려를 잊지 않아야 한다. 인간미·도덕성은 '인성에 기반한 능력과 실력이며, 재승덕(才勝德)이 아닌 먼저 베푸는 마음'을 의미한다. 최근에는 따뜻한 언행이 개인 생활이나 단체 생활에서 성공을 이끄는 절대적인 요소로 인식되고 있다. 인재상을 사전적 의미로 해석하지 않고 지원자가 생각하는 자신의 장점이나 강점으로 표현할 수 있어야 한다.

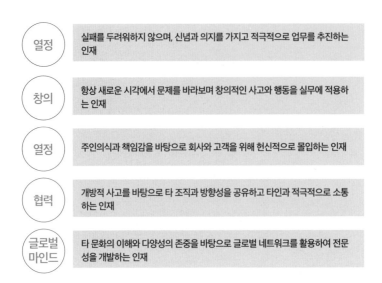

✔ 현대(H차) 인재상

열정	실패를 두려워하지 않으며, 신념과 의지를 가지고 적극적으로 업무를 추진하는 인재
창의	항상 새로운 시각에서 문제를 바라보며 창의적인 사고와 행동을 실무에 적용하는 인재
열정	주인의식과 책임감을 바탕으로 회사와 고객을 위해 헌신적으로 몰입하는 인재
협력	개방적 사고를 바탕으로 타 조직과 방향성을 공유하고 타인과 적극적으로 소통하는 인재
글로벌 마인드	타 문화의 이해와 다양성의 존중을 바탕으로 글로벌 네트워크를 활용하여 전문성을 개발하는 인재

현대자동차그룹의 인재상에서 도전은 '주도적이고 진취적인 태도'를 의미한다. 안 되는 일을 되도록 궁리하고 실행하는 정신이라고 할 수 있다. 창의는 삼성과 마찬가지로 '타인을 배려하며 항상 새로운 방법을 궁리하는 것'이다. 열정 또한 '어떤 일이 있어도 자신이 맡은 업무는 100% 완결하겠다는 의지'를 뜻한다. 자칫 추상적으로만 이해하면, 생각만 그렇게 한다고 오해될 수 있으므로 과제 완결이라는 개념을 갖고 있어야 한다. 협력은 '솔선수범하여 타인의 자발적인 협조를 끌어내는 것'이다. 협력의 전제조건은 개방적인 사고방식임을 기억해야 한다. 글로벌 마인드는 '다양성에서 통일성을 찾고, 통일성에서 다양성을 인정하는 것'을 의미한다. 마찬가지로 현대자동차그룹에서 내놓은 인재상이 실제 현업에서 어떠한 모습으로 드러나는지 생각하면 쉽게 이해할 수 있다.

자발적이고	스스로 동기부여하여
의욕적으로	높은 목표에 도전하고 기존의 틀을 깨는 과감한 실행을 한다
두뇌 활용	그 과정에서 필요한 역량을 개발하기 위해 노력하며, 팀워크를 발휘한다
SUPEX	인간의 능력으로 도달할 수 있는 최고 수준인 Super Excellent
패기	경영철학에 대한 확신을 바탕으로 일과 싸워서 이기는 패기를 실천하는 인재

　　SK그룹은 '그룹 경영철학에 대한 확신을 가지고 일과 싸워서 이기는 패기를 실천하는 인재'를 추구한다. '자발적이고'는 '솔선수범하여 협력한다'는 의미로 해석할 수 있다. '의욕적으로'는 현대자동차그룹의 '도전'과 같은 '주도적이고 진취적인 태도'를 의미한다. 두뇌 활용은 '항상 다른 방법을 궁리하는 것'으로 이해하면 된다. 수펙스(Supex)는 '문제 해결 능력과 업무 완결 능력'이라고 해석할 수 있다. 패기는 '객관적으로 역량과 능력이 부족하더라도 끝까지 맡은 일은 성취하고 말겠다'는 결의를 의미한다.

PASSION	꿈과 열정을 가지고 세계 최고에 도전하는 사람
INNOVATION	고객을 최우선으로 생각하고 끊임없이 혁신하는 사람
ORIGINALITY	팀워크를 이루며 자율적이고 창의적으로 일하는 사람
COMPETITION	꾸준히 실력을 배양하여 정정당당하게 경쟁하는 사람

LG그룹의 인재상인 열정은 앞서 설명한 삼성과 현대자동차그룹과 같이 '어떤 일이 있어도 자신이 맡은 업무는 100% 완결하겠다는 의지'다. 혁신도 마찬가지로 '타인을 배려하고 항상 다른 방법을 궁리하는 것'이다. LG에서 이야기하는 창의성은 '노하우(know-how)보다는 노웨어(know-where), 공감 능력을 중시'하는 것이라고 해석할 수 있다. 경쟁력은 '인성에 기반한 능력과 실력이며, 재승덕(才勝德)이 아닌 먼저 베푸는 마음'으로 삼성의 인간미·도덕성과 의미가 상통한다.

앞에서 정리한 4대 그룹의 인재상을 공통적인 내용으로 정리하면 다음과 같다.

✔ 공통 인재상

열정	혁신	창의	도덕
도전	소통	협력	실력

인재상은 기업마다 서로 다르게 표현하지만 요구하는 가치나 역량은 동

일하다. 기업은 매년 경영 목표를 세운다. 직원들이 문제를 해결하고 각자의 업무를 완결해야 팀의 목표가 달성되고, 팀별 목표가 모여서 결국 회사의 경영 목표가 달성된다. 신입사원을 채용하는 것도 경영 목표 달성을 위한 계획의 일환이다. 취준생의 전략도 여기에 초점을 맞춰야 한다.

인재상의 이런 의미를 파악하지 못하고 단편적인 지식으로 지원자와 인재상을 꿰맞추려는 시도는 바람직하지도 않을뿐더러 설득력이 떨어진다는 점을 명심하자.

30장

면접위원은
어떤 사람을 뽑나요?

　이공계 취준생들의 성향은 대체로 무난한 편이다. 학부에서 충실하게 공부했고, 아르바이트나 동아리 활동 등 비슷한 대외활동을 했다. 간혹 독특한 경험을 한 이들 중 지나치게 적극적인 유형이 있다. 이들은 대부분 학업보다 왕성한 대외활동을 하면서 사람 만나기를 좋아하고, 리더 그룹에 속해 폭넓은 대인관계를 자랑한다.

　이런 유형은 다양한 활동과 인간관계 경험으로 사회성이 뛰어나고, 어떠한 성격과 태도가 사람들의 관심을 끄는지 잘 알고 있다. 예를 들어 기업의 직무가 어떤 일을 하는지보다는 기업의 거시적인 이야기나 리더십, 경영전략 등을 언급하면서 자기과시를 한다. 입사 후 비전이 무엇이냐고 물으면 '임원이 되겠다', '명장이 되겠다', '펠로우 연구원이 되겠다'는 등 거창한 꿈을 얘기하기도 한다. 이들이 간과하는 점이 있다. 신입사원이 될 후보자에게 직무와 관련된 비전보다 먼 훗날 되고 싶은 모습을 궁금해하는 채용 담당자는 없다.

어떤 지원자들은 직무 적합성이나 조직 적합성과 관련 있는 내용은 전달하지 않으면서 무조건 열정과 패기를 보여주면 합격할 수 있다고 굳게 믿는다.

> "시켜만 주신다면 뭐든지 해낼 수 있습니다."
> "입사하면 리더십을 발휘하여 팀의 목표를 달성하겠습니다."
> "뽑아만 주신다면 회사에 뼈를 묻는다는 각오로 일하겠습니다."

적극적이고 자기주도적인 지원자가 유리하다

요즘은 이런 표현을 사용하는 지원자는 없지만 비슷한 취지로 답변하는 경우가 간혹 있다. 대체로 직무 적합성이나 직무 역량에 관한 생각이 부족하거나 자신 없을 때 대응하는 답변이다. 물론 기업에서는 열정과 패기가 있는 지원자를 좋아한다. 하지만 직무 연관성이라든지 일 처리를 할 수 있는 역량이 충분히 검증되지 않았는데 단지 의욕이 넘치고 진취적인 성격이라고 해서 합격 판정을 내리지는 않는다.

병철 군은 중견 그룹 대표 계열사에 입사했다. 그는 학업 경력이 독특했다. 고등학교를 졸업하고 대학에 진학하는 대신 학점은행제로 공부했다. 이유를 물으니 대학이라는 시스템의 공부가 필요 없다고 판단해서 굳이 진학하지 않았다고 했다. 하지만 결국 대학에 편입하여 학부를 마쳤다. 편입한 이유로 실험, 실습 등 필요한 부분을 해결하기 위해 대학에서 공부할 필요성을 느꼈다고 했다.

병철 군은 학업 이력 때문에 마음이 많이 위축되어 있었다. 최대 약점으로 여겼기 때문이다. 하지만 지원한 직무 적합성이나 역량 부분은 전혀 걱정하지 않아도 될 만큼 철저하게 준비한 상태였다. 조직 적합성은 지원자의 인성, 태도, 특성 등과 관련 있기 때문에 조직에 적합한 인재라는 것을 보여주기 위해 마인드셋을 바로 세우도록 지도했다.

이후 서류에 합격했고, 최종 면접까지 갔다. 학업 이력에 대한 고민은 그만두고, 상대방을 설득할 수 있도록 소재 정리에 집중한 결과였다. 자기소개서는 직무 적합성 위주로 작성했다. 편입 후 몇몇 실습 과목에서 얻어낸 성과와 학술 동아리 활동에서 문제를 해결한 역량을 소재로 활용했다.

자신의 이야기를 당당하게 전달하라

세윤 군은 S그룹 대표 계열사 중의 하나인 E사에 합격했다. 프로필을 확인하는 과정에서 독특한 이력을 발견했다. 고등학교 과정은 검정고시로 마쳤고, 전문대를 진학한 후 대학에 편입해서 학업을 끝냈다. 전 학기 장학금을 받았다. 게다가 다수의 인턴 경험이 있었는데 전부 1, 2개월의 단기간으로 면접위원이 검증하고 싶은 내용이 많았다. 서류는 통과했는데 면접에서 유리하다고 판단하기가 어려웠다. 그래서 본인에게 불리하다고 느껴지는 소재를 어떻게 긍정적으로 해석할지에 중점을 두고 지도했다.

태도 면에서는 보완할 게 없을 정도로 충분했다. 다만 본인의 생각을 전달할 때 시선 처리가 불안해서 상대방을 자신 있게 바라보라고 했다. 답변하는 어투에서 '음', '어', '같았다'처럼 인터뷰에서 사용하면 안 될 표현의 사용 빈도가 높아서 안 좋은 말습관을 고치도록 했다. 말할 때 필요 없는 행동은 신뢰성을 떨어뜨린다.

세윤 군은 소재를 어떻게 해석하면 자신에게 강점이 될지 잘 이해했다. 실제로 직무면접과 임원면접을 치르는 동안 각각 약 20여 개의 질문을 받았는데 대부분 준비한 수준에서 성실히 답변했다고 한다. 그로부터 2주 후에 연락이 왔다.

"선생님, 저 합격했어요!"

"축하합니다. 본인이 잘한 덕입니다."

"흐트러지지 않고 꾸준히 좋은 성과를 내도록 노력하겠습니다!"

삼성○○
2021년 상반기 3급 신입사원 채용 공고

○○○○○○○○@naver.com)은
면접에 합격하셨습니다.
합격을 진심으로 축하드립니다.

이후 일정은 개인별로 안내드리겠습니다.
감사합니다.

수험번호:○○○○

지원자가 하고 싶은 말이나 열심히 하겠다는 것보다는 채용 담당자와 면접위원이 보고 싶고 듣고 싶은 이야기와 답변으로 준비해야 한다. 처음부터 관심을 유발하지 못하는 내용으로 접근하지 말고 본인의 스토리텔링으로 기선을 잡아야 성공할 수 있다. 스토리 싸움에서 이기기를 바란다.

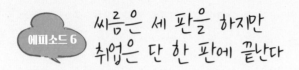

씨름은 세 판을 하지만
취업은 단 한 판에 끝난다

에피소드 6

'원샷 원킬(one shot, one kill)', 전장에서나 사용되는 말이다. 취업 전선도 전쟁터다. 수많은 이공계 취준생이 쓰라린 실패를 경험하는 현장이다.

공군 장교 출신 M군은 전역 후 여기저기 지원했으나 취업에 실패하고 무엇 때문인지 답답하다며 찾아왔다.

"어느 기업에 지원했나요?"

"50개 기업인데 단 세 군데만 서류를 통과했고, 면접까지 가지는 못했습니다."

"지원한 기업은 구체적으로 어디인가요?"

"삼성전자, 현대자동차, LG화학 등 포함해서 중견기업까지 다 지원했습니다."

기업은 대체로 매년 상반기, 하반기 2회로 나누어서 공개채용 공지를 낸다. 비슷한 시기에 신입사원을 모집하기 때문에 한 달에서 두 달 정도 집중해서 서류를 접수한다. 취준생 대부분은 한 군데 써놓은 지원서와 자기소개서를 소위 복사해서 붙여넣기를 하여 여러 군데 지원한다. 물론 지원 기업에 맞게 내용을 조금씩 손보기도 하지만 결과는 대개 불합격이다. 그러고 나서 이렇게 말한다.

"취업하기가 힘들어요. 서류 통과도 잘 안 되고요."

거듭되는 실패 경험에 자존감은 더욱 낮아지고, 자신감은 조금도 남아 있지 않게 된다. M군에게 한마디 했다.

"전략이 없었네요. 취업 준비 시작부터 엇갈렸습니다."
"취업하는 데 무슨 전략이 필요한가요? 서류만 잘 써서 내면 되는 거 아닌가요?"

기업은 매년 인재 채용 전략을 세운다. 전년도에 수립한 경영 계획에 따라 인사팀은 신입사원을 채용한다. 사업부 내 각 부서의 인력 수급 요청에 따라 신입사원을 뽑는다는 뜻이다. 취준생은 인사팀의 전략에 대응할 자기만의 취업 전략이 필요하다.

씨름 경기의 규칙은 모든 선수에게 공평하게 세 번의 기회를 주는 것이다. 첫 판에 지더라도 역전승의 짜릿함을 누릴 수 있는 오락의 묘미가 있다. 하지만 기업은 지원자가 6개월을 기다린 끝에 단 한 번만 기회를 준다. 일본의 스모처럼 한 번 기회를 잃으면 탈락이다. 취업 전쟁이라고 표현하는 이유 중 하나다. 전장에서는 재기의 기회가 없다. 한 번 총을 맞으면 그것으로 끝이다. 서류전형이 그렇다. 단번에 통과하지 못하면 반년이라는 긴 시간을 또 기다려야 한다. 무엇을 어떻게 해야 합격하는 서류를 작성할 수 있을까?

서류전형에서 통과하지 못한 지원자들이 공통으로 하는 실수가 있다. 질문 의도를 잘 파악하지 못하는 것이다. 지원 동기를 쓰라는 요구에 왜 지원하는지 내용은 없고 주로 회사 이야기를 소재로 내용을 채운다.

[사례 1]
LG디스플레이는 세계 최초로 ○○○ 기술 개발을 선도하여 ○○○ 디스플레이를 상용화하는 데 성공하였습니다. 획기적인 아이디어를 통해 창조와 혁신으로 세계시장을 이끌고 있습니다. 또한 압도적인 대형 OLED 시장점유율로 고수익을 내고 있습니다.

[사례 2]

현대자동차는 세계 5위의 글로벌 자동차 OEM으로 4차 산업혁명 시대에 모빌리티가 추구해야 하는 기술 방향을 이끄는 회사라고 생각합니다. 제가 지원하는 ○○ 직무에서 저의 가치와 능력을 최대한 발휘하여 연구를 진행할 수 있는 회사입니다.

회사와 관련된 내용은 채용 담당자가 더 잘 알고 있다. 궁금한 건 지원자의 이야기이지 회사와 관련된 내용이 아니다.

실패하는 지원자의 또 다른 실수는 자신이 왜 이 직무에 적합한 후보자인지 강조하는 내용이 없다는 것이다. 자신의 학업 성과, 프로젝트 경험 등을 설명하는데 목표와 목적도 없이 관련 정보만 나열할 뿐이다. 채용 담당자는 글을 읽고 판단해야 하는데 전달하고자 하는 핵심 메시지가 없는 정보만으로 지원자에 대한 호감이 생길 수 없다.

자기소개서는 작성하는 목적이 분명해야 하는 비즈니스 문서다. 읽는 사람이 의사 결정을 할 수 있는 정보를 충실하게 제공해야 한다. 즉, 읽는 사람의 입장에서 작성해야 한다. 지원자의 주관적인 입장보다는 회사의 관점에서 지원자를 설명하면 설득력 있는 자기소개서가 된다.

전장에서 원샷 원킬을 하기 위해서는 다음과 같은 내용이 필요하다.

1. 전황 분석
2. 타깃 설정
3. 집중과 선택 전략

유능한 저격수는 자신부터 단순화한다. 머릿속이 복잡하고 휴대하고 있는 장비가 잡다하면 임무를 완벽하게 수행하기 어렵다. 취업하기 위한 서류 작성도 마찬가지다. 지원서에 넣는 내용, 자기소개서에 기술할 주제와 소재를 지원하는 기업과 직무에 맞춰 단순하게 표현해야 한다. 전략 없는 글쓰기는 문자 공해를 일으

킬 뿐이다. 상대방의 마음을 직관적으로 움직일 수 있도록 써야 한다.

M군은 여러 차례의 실패를 겪은 후 지금은 중견 외국계 반도체 기업을 거쳐 삼성전자에서 ○○업무를 담당하고 있다. 지원하는 기업과 직무에 관한 연구를 바탕으로 자기소개서를 작성한 결과다. 서류 합격의 기회는 단 한 번뿐이다. 이기기 위해서는 원샷 원킬 전략을 기억하자.

· **직무 역량을 표현하는 말**

개발 능력	목적 의식	시간관리 능력	정보 분석 능력
개선 아이디어	목표 달성 의지	업무 완결 능력	조직력
경청	문서 작성 능력	외국어 구사 능력	지능
경험	문제 해결 능력	우선순위	집중력
공감 능력	분석력	응용 능력	창의성
관리 능력	상황 대응 능력	의사소통 능력	책임감
관찰력	상황 판단 능력	이해력	통찰력
기획력	설득력	적응 능력	학습 능력
논리력	성과 지향	전략적 사고력	호기심
대안 제시 능력	수용 능력	정보 수집 능력	협업/팀워크 능력

· **자신의 직무 역량을 잘 표현하는 단어 10개를 골라 내용 정리하기**

직무 역량 표현	표현
예) 문제 해결 능력	아르바이트 시절 일일 마감 업무 시간을 단축하기 위해 POS와 컴퓨터의 Interface를 개발하여, 30분 걸리던 업무를 5분 이내에 처리하여 정산 시간을 줄이고 정확성을 높여 문제를 해결한 경험이 있습니다.

• 인성을 표현하는 말

객관적이다	마음이 따뜻하다	신중하다	자기주도적이다
계획성이 있다	배려를 잘한다	심성이 착하다	자발적이다
공정하다	사심이 없다	양보를 잘한다	적극적이다
굳세다	상식적이다	열심히 한다	정직하다
긍정적이다	생각이 깊다	열정이 있다	주도면밀하다
꼼꼼하다/철저하다	성격이 원만하다	외향적이다	직관적이다
끝까지 책임지다	성과 지향적이다	용의주도하다	진실하다
능동적이다	성실하다	우직하다	차분하다
대범하다	세심하다	유머 감각이 있다	책임감이 강하다
대인관계가 원만하다	솔선수범한다	유연하게 생각한다	충성심이 있다
독립심이 강하다	솔직하다	의욕이 있다	투지가 있다
똘똘하다/센스 있다	신뢰할 만하다	의지가 강하다	패기가 있다

• 자신의 인성을 잘 표현하는 단어 10개를 골라 내용 정리하기

인성 역량 표현	표현
예) 용의주도하다	학과 총무 시절 학술대회를 기획하면서 50여 명의 학우를 5개의 분야로 나누어 5명씩 조를 편성하여 총 10개의 과제를 기획부터 실행까지 일정에 차질 없이 용의주도하게 관리 감독하여 성공적으로 마친 경험이 있습니다.

7부

자주 받는 질문

31장

취업에 성공하려면
어떤 습관이 필요한가요?

취준생에게 항상 던지는 질문이 아침에 몇 시에 일어나느냐 하는 것이다.

"오늘 아침 몇 시에 일어났나요?"

"6시에요."

"평소에 일어나는 시간인가요, 아니면 오늘만 그 시간에 일어난 건가요?"

"아침 운동(영어 학원/아르바이트) 때문에 일찍 일어나는 편입니다."

일반적으로 아침 일찍 일어나는 취준생이 많지는 않다. 밤늦게까지 활동하는 올빼미형이 많은 편이다. 아침에 일찍 일어나는 건 좋은 습관이다. 기업은 교대 근무를 제외하고 대부분 업무를 오전 8시나 9시에 시작해서

오후 4시나 5시에 마감한다. 고객사나 협력사도 같은 시간대에 업무를 한다. 이 시간에 일하는 게 가장 효율적이기 때문이다.

한 20명 정도 참여하는 클래스에서 아침 7시 이전에 일어나는 취준생은 약 5~6명 정도다. 이들에게는 이번에 취업할 수 있다고 얘기한다. 반 이상은 9시 이후에 일어난다. 10시 이후에 일어나는 사람도 있다. 이들에게는 지금보다 일찍 일어나지 않으면 6개월 후에도 이 자리에 앉아 있을 것이라고 말한다.

아침 기상 시간으로 모든 걸 판단할 수는 없지만 가능하면 기업의 근무 시간에 맞춰서 하루 일정을 시작하라고 권한다. 오전 10~12시를 집중 근무 시간으로 운영하는 기업이 많다. 업무 효율이 가장 높은 시간대이기 때문이다. 취준생의 시간 이용을 분석하면 기상 후 정리, 세면 시간, 식사 시간, 이동 시간 등에 평균 2시간 정도 소요된다. 8시에 일어났다면 10시부터 12시까지 2시간을 활용할 수 있고, 10시에 일어나면 오전은 그냥 없는 시간이 되어버린다. 아침에 시간을 별도로 정해놓지 않으면 시간 활용 효율이 낮아질 수밖에 없다.

아침에 일찍 일어나라

아침에 일찍 일어나라고 하는 이유가 있다. 아침 시간을 어떻게 시작하느냐에 따라 하루를 효율적으로 사용할 수 있기 때문이다. 꼭 새벽에 일어날 필요는 없지만 7시 이전에 일어나는 게 좋다. 그래야 최소 2시간에서 최대 4시간을 온전히 활용할 수 있다. 수강생에게는 가능하면 6시에 일어나라고 한다. 여기에는 조건이 있다. 전날 밤 10시에 잠자리에 들거나, 일이 있어 새벽 2시에 자더라도 반드시 정해진 시간에 일어나야 한다. 규칙적으로 생활하면 계획에 없는 일이 생기더라도 일정 운영에 큰 차질 없이 시간 활용도를 높일 수 있다.

책을 읽어라

취업에 성공해서 입사하기까지는 하나의 '과정'이다. 정확히 표현하면 상대방을 설득하는 과정이다. 취업은 글쓰기로 시작해서 말하기로 완성된다. 취준생에게 의사소통에서 가장 중요한 것이 무엇이냐고 물으면 타인의 말에 귀 기울이는 것이라고 대답한다. '경청'이 중요하다는 것이다. 맞는 말이다. 하지만 문제는 경청하지 않는 게 아니라 질문의 요지나 대화의 목적을 이해하지 못하는 문해력의 부족이다.

문해력과 독해력은 다르다. 독해는 용어를 이해해서 의미만 파악하면 된다. 문해력으로 범주를 확대하면 행간을 읽는 것이라고 할 수 있다. 행간을 읽는다는 것은 글쓴이나 말하는 이의 의도, 즉 요지를 파악하라는 뜻이다. 요지를 파악하지 못하니 자기의 생각을 정리하지 못한다. 자기의 생각을 제대로 정리해서 전달할 수 있는 취준생이 많지 않다.

신문 읽기는 단기간에 시사 이슈를 파악하고 독해력을 향상하는 가장 효율적인 방법이다. 신문은 PC나 스마트폰에서 기사를 찾아보는 것과는 달리 본문을 읽지 않고 머리기사와 부제만으로 정보를 파악할 수 있다. 광고 지면 등에 사용된 용어와 표현을 파악하여 문해력을 높일 수 있다. 책을 많이 읽어야 한다는 건 누구나 알고 있지만 실제로는 독서량이 절대적으로 부족하다. 책을 읽으면 자연스레 뇌가 자극된다. 들어오는 정보를 체계적으로 저장하고 필요할 때 끄집어내서 편집하는 능력이 생긴다. 독서는 사고의 영역을 넓혀주고 다양한 표현력을 익히는 데 도움을 준다.

규칙적으로 운동해라

극도로 소극적인 이공계 취준생도 있다. 목소리에 힘도 없고 시선을 마주치는 것도 부담스러워한다. 앉은 자세도 꾸부정하고 항상 움츠려 있다. 자신감이라고는 찾아볼 수 없다. 취업도 공부로 승부를 걸 수 있다고 생각하는지 대외활동이나 운동도 하지 않는다.

수정 양은 현직에 근무하면서 삼성전자 입사를 희망했다. 그럼에도 자신감은 별로 없어 보였고 목소리도 작았다. 자기 이미지가 너무 약했다.

"선생님, 저 성격 좀 바꾸고 싶은데 어떻게 하면 좋을까요?"
"글쎄, 어떤 모습으로 바꾸고 싶은가요?"
"지금보다 조금 더 적극적인 사람이 되고 싶어요. 시작도 안 했는데 실패할까 두려워요."
"음, 복싱을 해보면 어떨까요? 소재 거리로도 괜찮고 도움이 많이 될 겁니다."

수정 양은 곧바로 복싱 도장에 등록하여 운동하기 시작했다. 그로부터 두 달이 지난 후에 연락이 왔다. 목소리는 씩씩했고 긍정적인 에너지가 가득했다. 예전에 기어들어 가던 목소리는 온데간데없었다. 어떤 변화가 있었는지 궁금했다.

"운동해보니까 도움이 되었나요?"

"복싱을 배우면서 많은 게 바뀌었어요."

"어떤 변화가 있었나요?"

"일단 건강이 좋아졌어요. 몸이 나아지니까 모든 일에 자신감이 생겼습니다. 생각도 긍정적으로 많이 변했고요."

건강한 신체에 건강한 정신이 깃든다는 말이 있듯이 운동으로 몸이 건강해지면 생각도 바뀌기 시작한다. 걷기만 해도 사색이 깊어지고 통찰력이 생긴다. 수정 양은 부정적인 자기 이미지를 긍정적인 방향으로 바꾸었다. 스스로 변한 것이다. 동기나 계기가 필요했던 시점에 복싱을 시작했다. 이렇게 운동으로 자존감을 회복하고 자신감을 강화한 지원자들이 많다. 경민 군의 사례는 극적이기까지 하다.

"왜 이렇게 자신감이 없나요?"

"어⋯⋯."

"혹시 즐기는 운동이라도 있나요?"

"아니요."

"집 근처에 혹시 트랙이 있는 공원이 있나요?"

"네⋯⋯."

"내일부터 하루에 3km씩만 달려볼까요? 목표니, 목적이니 그런 거 생각하지 말고 그냥 뛰는 겁니다. 할 수 있겠죠?"

"네⋯⋯."

한 달쯤 지난 후 경민 군에게 연락이 왔다. 이전과 다르게 목소리에 힘이 있었다. 그는 고맙다는 인사를 먼저 했다. 처음에는 아무 생각 없이 정말로 뛰었다고 했다. 뛰다 보니 조금씩 생각이 바뀌게 되었다고 한다. 어느새 긍정적인 사고방식으로 바뀌는 자신을 느꼈다고 말이다. 이전에 알지 못했던 자기를 발견한 것 같다고 좋아했다. 어떤 일이든 자신 있게 도전할 수 있다고 했다. 경민 군은 본인이 원하는 기업에 합격했다. 무엇을 어떻게 하라고 구체적으로 알려준 것은 없다. 그저 달려보라고 했을 뿐이다.

공부하듯 책에만 매달려서 합격할 수 있는 시험이라면 그러라고 권하고 싶다. 하지만 취업은 전혀 그렇지 않다. 건전한 자기 이미지가 없으면 아무리 지식이 많고 능력이 있다 한들 기업에서는 관심을 두지 않는다. 좋은 습관과 자기관리는 취업에 도움이 된다. 앞에서 강조했듯이 시간을 활용하고, 책을 읽고, 운동하자. 이 3가지는 충분히 설득력 있는 소재로 활용할 수 있다. 채용 담당자가 좋아하지 않을 내용이 하나도 없기 때문이다.

32장

지원 동기는 어떻게 표현해야
설득력이 높아지나요?

자기소개서 지도를 하다 보면 엉뚱한 내용을 가끔 접한다. 대부분 기업의 자기소개서 항목 1번은 지원 동기와 입사 후 포부에 관해 기술하라고 한다. 지원자 중에 아래와 같은 내용으로 기술하는 이들이 가끔 있다.

어릴 때부터 저의 집은 삼성전자 TV, 냉장고, 세탁기, 에어컨을 사용했습니다. 지금도 삼성 컴퓨터, 스마트폰을 사용하고 있습니다. 또한 아버지가 삼성에 근무하고 계시기 때문에 저는 삼성 가족이라고 생각하여 삼성전자에 지원하였습니다.

이 내용을 읽고 웃는 사람이 있겠지만 실제로 이와 비슷한 내용으로 기술하는 지원자들이 있다. 이런 내용은 채용 담당자에게 아무런 의미가 없다. 지원자를 뽑는 이유와는 전혀 관련 없기 때문이다. 채용 담당자는 지원자의 논리적이면서 합리적인 주장을 보고 싶어 한다. 취준생이 가장 어렵게 생각하는 부분이 바로 지원 동기다. 대부분의 기업은 지원 동기를 쓰라고 주문한다. 다만 SK그룹은 직접적으로 지원 동기를 묻지 않고 주로 직무와 관련된 내용을 위주로 기술하라고 한다. 그렇다고 해도 지원자는 자기소개서 내용 중에 SK를 지원한 동기를 반드시 표현해야 한다. 다음은 주요 기업의 자기소개서 1번 항목이다.

✔ 주요 그룹 자기소개서 지원 동기

삼성	삼성전자를 지원한 이유와 입사 후 회사에서 이루고 싶은 꿈을 기술하십시오.	700자
현대	본인이 회사를 선택할 때의 기준은 무엇이며, 왜 현대자동차가 그 기준에 적합한지 기술해주십시오.	800자
SK	SK는 직무 적합성 위주의 자기소개서 문항 4개를 제시. 작성 시 SK를 지원한 동기를 반드시 기술하는 것이 필요.	1000자
LG	지원 분야/직무에 대한 지원 동기와, 해당 분야/직무를 위해 어떤 준비를 해왔는지 소개하십시오.	700자
포스코	본인의 회사 선택 기준은 무엇이며, 포스코가 그 기준에 적합한 이유를 서술하십시오.	1800자

10명 중 5명 이상은 지원 동기에 자신의 이야기가 아닌 회사 이야기를 나열한다. 좋은 회사라서 입사하고 싶다는 내용이 주를 이룬다. 이런 내용으로는 채용 담당자의 마음을 움직일 수 없다. 자기소개서의 고객은 채용 담당자다.

기업을 선택할 때는 결혼하는 것처럼 신중해야 한다

취업은 인생에서 처음으로 직업을 선택하고 본격적으로 경제활동을 시작하는 출발점이다. 생애주기의 관점으로 보면 30대부터 50대까지 거의 30여 년, 즉 인생의 황금기라고 할 수 있는 시기를 회사와 함께 보낸다. 인생에서 가장 왕성하게 활동하고 자신의 역량을 마음껏 펼치며 지속해서 성장하는 기간이다.

방송이나 언론 매체에 나오는 광고를 보고 기업을 선정하면 안 된다. 소비자로서 기호와 전문가로서 일하고자 하는 기준이 반드시 같지는 않다. 기업을 선정하는 기준으로는 자신이 잘하는 일, 좋아하는 일, 하고 싶은 일, 전공과 관심사, 산업과 기업의 전망 등이 있다. 이를 고려하여 목표 기업을 정해야 한다. 취업이 급하다고 해서 '묻지 마 지원'을 해서는 안 된다.

지원자들이 직업을 통해 비전을 실현하고 경제적으로 자립하려는 의도는 이미 알고 있는 내용이다. 또한 연봉과 복리후생, 기업의 전망 등을 보고 지원하는 것도 다 알고 있다. 지원자가 이런 내용을 소재로 삼는다면, 기업이 자기소개서를 검토하는 의미가 퇴색된다. 누구나 다 아는 뻔한 이야기를 확인하려고 요구하는 문서가 아니다. 지원 동기를 설득력 있게 작성하기 위해서는 반드시 다음 4개의 관점에서 소재를 준비해야 한다.

지원자 관점	나는 왜 이 회사에 입사해야 하는가? 나는 왜 이 회사에 입사하지 않으면 안 되는가?
회사 관점	이 회사는 왜 나를 뽑아야 하는가? 이 회사는 왜 나를 뽑지 않으면 안 되는가?

취업에 성공하기 위해서는 제대로 된 지원 동기를 정리해야 한다. 마치 생각으로 싸우는 바둑과 비슷하다. 상대방이 어떠한 전략을 구사하는지 알지 못하면 백 번을 싸워도 한 번 이기기가 벅차다. 상상력을 발휘하여 회사의 관점이 무엇인지 파악해야 한다. 끊임없이 스스로 묻고 답하고 점검하자. 내가 읽어서 이해 안 되는 이야기는 상대방도 이해할 수 없다.

33장

학점이 낮으면
서류전형에서 탈락하나요?

이공계 취준생을 괴롭히는 가장 큰 문제 중의 하나가 낮은 학점이다. 높은 학점으로 고민하는 지원자는 없다. 간혹 4.5점 만점에 4.0점 이상인데도 쓸데없이 걱정하는 친구들이 있다. 학점이 좋으면 공부만 하느라 대인관계에 문제가 없는지 괜히 의심받을까 봐 염려한다. 실제로 공부하느라 대인관계를 챙기지 않기도 한 것이다. 고학점을 유지하면서도 동아리, 아르바이트 등 대외활동을 활발하게 해온 지원자도 많다. 문제는 학점이 낮아서 학업 성취도 측면에서 내놓을 게 없는 지원자다. 그들은 다음과 같은 걱정을 늘어놓는다.

"학점이 낮은데 서류에서 걸러지지 않나요?"

"S사는 학점을 본다고 하던데 지원서를 쓰나 마나 아닐까요?"

"한 학기 낙제해서 재수강했는데 불리하겠죠?"

학창 시절 공부에 집중하지 않은 것을 후회하고 자책해봤자 이미 정해진 결과는 변하지 않는다. 그렇다고 취업을 앞두고 걱정한들 학점 관련해서 뚜렷한 대책도 없다. 낮은 학점을 논리적으로 설득할 방책은 없다. 아무리 해도 핑계에 지나지 않는다. 학점이 낮은 지원자들에게 왜 학점이 낮은지 물어보면 다음과 같은 이유를 말한다.

"1, 2학년 때 자유를 만끽한다고 동아리 활동만 집중적으로 하다 보니 그렇게 됐습니다. 군대 복무 후 정신을 차려서 3, 4학년 때 많이 올렸지만, 겨우 3.0점을 넘었습니다."

"집안 사정으로 아르바이트를 하며 학교에 다녔습니다. 돈을 벌어야 했기에 강의 시간에만 공부하다 보니 성적이 높지 않습니다."

"3학년 때 전과(또는 편입)를 했습니다. 전공 기초가 부족하다 보니 전공 과목에서 낮은 학점을 받았습니다."

나름대로 본인의 입장을 설명하지만 채용 담당자가 볼 때 설득력 있게 내용을 전달하지 않으면 서류 통과도 쉽지 않은 게 현실이다.

고민한다고 바뀌는 건 하나도 없다

학점이 낮은 것은 걱정이 아니라 극복의 대상이다. 채용 담당자는 서류를 검토하면서 왜 학점이 낮은지 궁금해한다. 그렇다면 적극적으로 이 부분을 만회할 수 있는 소재로 설명해야 한다. 취업에 운은 작용하지 않는다. 냉정하게 실력만으로 판단한다. 학점도 실력의 하나이고, 낮은 학점을 대신할 내용도 실력으로 평가받는다.

은경 양은 낮은 학점에도 불구하고 삼성전자 반도체 부문에 최종 합격했다. 소위 스펙이라고 하는 부분에서는 직무와 관련 없는 전공, 턱없이 낮은 학점 등 자신 있게 내세울 소재가 없었다. 그런데 어떻게 서류전형을 통과해서 면접까지 가게 되었는지 궁금했다. 일단 삼성전자에 제출한 지원서를 살펴보았다. 삼성은 지원서에 다음과 같은 내용을 기재한다.

1. 인적 사항

2. 지원 내용: 지원 사업부, 희망 직무, 희망 근무 지역

3. 연락처

4. 학력 사항

5. 주요 경력

6. 대내외활동

7. 어학 사항

8. 자격/면허 사항

9. 자기소개서

서류전형에서 타 지원자들과 다르게 본인만의 소재로 경쟁하는 것이 5번의 주요 경력과 6번의 대내외활동, 9번의 자기소개서다. 학력 사항으로 판단할 수 있는 것은 한 가지, 학점뿐이다. 오히려 학점이 낮은 경우는 이 지원자가 낮은 학점을 보완하기 위해 어떠한 노력을 했는지 보려고 한다.

그러한 노력이 없다면 만나고 싶은 후보군에서 제외된다. 목표 관리를 나름 잘했다고 판단되면 통과 가능성이 있다는 의미다.

은경 양은 낮은 학점에 대해 변명의 여지가 없었다. 하지만 주요 경력 사항을 보면 반도체 관련 기업에서 3개월 동안 인턴십을 수행했다. 대내외 활동에는 반도체 부문에 지원하기 위해 받은 관련 교육 내용을 순차적으로 기재했다. 물론 자기소개서에도 낮은 학점이라는 약점을 극복하기 위해 지난 1년 동안 노력해온 내용을 일목요연하게 정리했다. 그렇게 해서 비전공자인 데다 낮은 학업 성취도에도 서류전형에 합격했고, 직무 적성검사도 통과하여 최종 면접까지 갔다. 진로에 대한 목표가 없어서 방황한 결과가 저조한 학점이었고, 정신을 차려 목표를 정하고 직무 수행을 위해 해야 할 일에 초점을 맞춰 준비했다고 한다. 어찌 보면 은경 양의 진취적인 모습이 상대방을 설득하는 데 큰 역할을 했다고 할 수 있다.

해야 할 일에 집중하라

기업에서 지원자의 학점이 낮은 이유는 한 번 정도 궁금해할 수는 있지만 빨간딱지처럼 계속 따라다니지는 않는다. 서류전형에서 통과하면 그만이다. 다만 면접위원이 학점이 낮은 원인이 무엇인지 물어볼 수 있다. 당락과는 관련 없는 질문이니 부담 갖지 않기를 바란다. 하지만 답변할 때 자신 없거나 주눅 든 태도와 말투는 당연히 부정적인 평가를 받는다.

낮은 학점이 염려되는 취준생은 다음과 같은 활동으로 약점을 보완할 소재를 만들면 된다. 시간 여유가 있는 지원자는 직무 관련 역량을 강화하는 데 집중해야 하고, 그만한 여유가 없는 지원자는 쉽지는 않겠지만 과거의 경험에서 발굴해야 한다.

1. 직무 관련 학습 및 교육/실습 수강 – 직무 적합성 강조
2. 직무 관련 인턴십 활동(3~6개월) – 직무 적합성, 직무 역량, 조직 적합성 강조
3. 중견, 중소 기업 업무 경력 – 직무 적합성, 직무 역량, 조직 적합성 강조

용철 군은 삼성전자 반도체 부문에 입사했다. 학부 성적이 낮은 데다 전공과 직무의 연계성이 약하다 보니 같은 회사에 두 번이나 연속해서 불합격했다. 그래서 대학원에 진학하여 직무와 관련된 전공학위를 취득했다. 논문을 마무리하면서 본인이 희망하던 직무에 최종 합격했다. 용철 군이 대학원에서 수행한 석사 프로젝트가 차세대 반도체소자와 관련된 내용으로 해당 직무와 연관성이 깊었기 때문이다. 용철 군은 대학원에서 반도체 유관 전공으로 바꾸었고, 희망 직무와 관련된 연구 주제를 선택했다. 취업 전략을 잘 수립하여 실행한 것이다.

낮은 학점은 걱정한다고 해결되지 않는다. 다만 무엇으로 어떻게 극복할 것인지 궁리하고 실행해야 한다. 생각만으로 바뀌는 건 없다. 이 순간에도 낮은 학점 때문에 어찌할 바를 모르고 있다면 A4 용지에 본인의 목표를 크게 써보자. 목표에 도달하기 위해 무엇을, 어떻게 실천할지 적어보자. 그리고 당장 실행하자. 이제 스스로 이겨낼 용기만 있으면 된다.

34장

중소기업에서 먼저 직무 경험을 쌓는 게 나을까요?

수진 양은 반도체 관련 대기업 위주로 취업을 준비했다. 하지만 계획대로 잘 진행되지 않아 이차전지를 생산하는 모 대기업에 계약직으로 입사했다. 계획대로라면 반도체 기업으로 갔어야 하는데 경제적인 이유와 경험이라도 쌓는 게 도움이 될까 싶어 계약직으로 시작했다. 같은 그룹 계열사이니 일이라도 제대로 배울 것이라는 막연한 기대로 입사했다.

목표로 한 반도체 기업에는 계속 실패하고 계약 기간이 종료되면서 중견 외국계 기업에 정규직으로 입사했다. 반도체와는 관련 없는 기계 제조업체였다. 이렇게 약 3년 동안 2개의 회사에서 직무 경험을 쌓았다. 그러나 문제가 있었다. 3년간의 경험이 지원하려는 종합 반도체 기업의 희망 직무와 연관성이 전혀 없었기 때문이다. 자기소개서 작성을 위해 소재 정리를 하는데 두 기업의 경험으로 직무에 적합하다는 내용을 기술하기에는 관련성이 하나도 없었다.

"희망 직무가 무엇인가요?"

"설비 엔지니어 직무입니다."

"현직 경험이 있네요. 어떤 일을 담당했나요?"

"첫 번째는 품질 직무였고, 지금은 생산관리 직무입니다."

"왜 그때 반도체 관련 기업으로 가지 않았나요?"

"일단 돈을 벌어야 했고, 분야가 달라도 경험이 도움이 될 것으로 생각했습니다."

시간이 경력을 의미하지 않는다

경제적인 문제였다면 타당한 이유가 될 수 있지만, 3년 동안 희망 직무와 연관 없는 업무 수행은 분명 설득력이 떨어진다. 반도체 기업에 들어가기 위해 3년 동안 다른 분야의 일을 했다는 건 누가 보더라도 납득하기 쉽지 않다. 이런 경우 반도체 기업에 들어오기 위해 3년간 경력을 쌓았다고 접근해서는 안 된다. 생각을 다르게 해야 3년의 경험을 의미 있는 시간으로 설명할 수 있다. 방어적인 자세로 설명하지 말고 긍정적인 해석으로 설명해야 한다. 오히려 반도체 기업에서는 경험과 관련된 이차전지 기업이나 기계설비 기업으로 지원하지 않는 것을 의아하게 생각할 수도 있다.

"지금 재직하고 있는 회사는 정규직인데 계속 다녀도 되지 않나요?"

"연봉이나 복지는 만족스러운데 반도체에 대한 미련을 버리지 못하겠습니다."

"그럼 지원하는 회사에 어떤 내용으로 설득할 수 있을까요?"

"저도 그게 걱정이에요. 아무리 생각해봐도 타당한 지원 동기가 안 나와요."

기업은 지원자가 현직 경험이 있으면 이 부분에 집중한다. 현직에 잘 적응하여 성과를 냈는지 궁금해한다. 그리고 왜 잘 다니다가 이직하려고 하는지 동기를 알고 싶어 한다. 그렇다면 직무 연관성이 떨어지는 점을 방어하기보다는 지원 기업에 입사하려는 동기를 적극적으로 알려야 한다. 물론 지난 3년 동안 수행한 직무가 반도체 관련이라면 직무 적합성만으로도 설득할 수 있지만, 수진 양의 경우는 그렇지 않았기 때문에 동기가 훨씬 중요할 수밖에 없다. 다음의 6가지 내용을 제시하면서 지원 동기를 정리하라고 조언했다.

1. 상대방의 마음을 어떻게 움직일 수 있는지 궁리하라.
2. 과거의 경력을 긍정적으로 해석하라.
3. 지난 회사에 대한 고마움을 반드시 표시하라.
4. 최선을 다하여 살아온 것을 강조하라.
5. 현실에 안주하지 않고 도전하는 태도를 강조하라.
6. 커리어 측면에서 지원하는 회사를 신뢰할 수 있다고 표현하라.

대기업 신입사원 채용 시즌이 마감되면 입사에 실패한 지원자들로부터 다음과 같은 질문을 받곤 한다. 다음에 도전할 때 도움이 될까 하는 바람으로 물어보는 것이다.

"인턴 경험을 쌓아야 할까요?"

"중소기업이라도 먼저 들어갈까요?"

목적을 물어보면, 인터넷에서 인턴 경험이 필수이고 중소기업 경험이 도움이 된다는 얘기를 보았다고 한다. 또한 취업 관련 상담을 받았을 때 인턴 경험이 없어서 떨어진 것 같아 필요하다는 답변이 대부분이었다는 것이다. 그러나 합격자를 보면 그와는 반대다. 학교를 졸업하기 이전이나 졸업하자마자 합격하는 사람이 많다. 기업은 직무 경력이나 인턴 경험이 있는 사람을 선호하지만 그것만을 따지지는 않는다. 입사 후 입문 교육과 훈련을 통해 해당 기업의 경영철학과 기업문화에 적합한 인재로 육성하기 때문이다.

기업은 모든 지원자가
경험이나 경력이 있기를 원하지는 않는다

인턴이나 직장 경력을 필수로 요구하는 기업은 없다. 다만 지원자가 자기소개서에서 자기를 알리기 위해 사용할 수 있는 소재일 뿐이다. 이걸 스펙으로 오해하고 마치 꼭 필요한 것처럼 인식한다. 어떤 소재로 지원자를 선발하는지 그 근거를 알아낼 방법은 없다. 단지 소재를 전달하는 지원자의 의사소통 역량과 태도를 통해 조직 생활에 필요한 수용성, 적응 능력, 학습 능력이 있는, 투자할 만한 인재인지 판단한다. 인턴십은 재학 중에 기회가 된다면 해볼 만한 경험이다. 이미 졸업했거나 졸업 유예를 한 상태에서 취업을 위해 인턴십에 시간과 노력을 투입하는 것은 바람직하지 않다.

35장

어떻게 하면 면접위원을
내 편으로 만들 수 있나요?

취업 전쟁에서 이기고 지는 것은 최종 관문인 면접에서 판가름 난다. 면접을 주제로 강의할 때 항상 목적을 상기시킨다.

지원자의 입장 : 면접위원을 설득하여 내 편으로 만들기 위해

채용 담당자의 입장 : 서류상으로 검증된 후보자를 직접 면담하여 선발하기 위해

기업은 지원서와 자기소개서를 검토하여 면접 후보자를 고른다. 기업에 따라 차이는 있지만 인·적성 검사 과정을 추가하여 후보자를 엄선하고 최종 면접에서 입사 대상자를 선발한다. 면접이 말로 이루어지니 말을 잘해야 한다는 부담을 느끼기도 한다. 그런데 취준생이 간과하는 점이 있다. 면접을 '시험'으로만 인식하는 것이다. 물론 입사 시험의 과정으로 볼 수도

있지만 면접은 시험이라기보다는 대화다. 서로 마주하고 이야기를 주고받는다는 뜻이다.

기업에서 면접을 보는 목적을 파악하면 지원자가 무엇을 해야 할지 실행 계획을 세울 수 있다. 기업은 사업과 조직의 특성에 알맞은 인재를 선발하기 위해 면접을 실시한다. 직무를 수행할 수 있는 기본 지식과 역량은 충분한지, 조직 적합성에서 동질감이 있는지 판단한다.

기업의 판단 기준	지원자의 특성과 특질
·조직 적합성(인성, 태도, 동기, 성격 등)	·적극성, 긍정적인 사고방식, 능동적인 실행력, 자기주도적 의사 결정
·직무 적합성(지식, 역량, 경험 등)	·전공 연계성, 연구 실적, 실무 경험, 팀워크 역량, 의사소통 능력
·인재 후보군(전문가로서 잠재 역량)	·수용성, 적응 능력, 학습 능력, 응용 능력

면접위원이 어떤 사람인지 파악하라

면접위원들의 공통적인 특징을 이해하면 면접에 효율적으로 대응할 수 있다. 기업에서는 면접위원을 위촉할 때 다음과 같은 기준으로 선발한다.

첫째, 그 회사에서 최소 15년에서 20년 이상 경력이 있는 간부사원이다. 이들은 업무 수행 능력을 인정받은 사람으로 임기응변보다 정공법으로 지금까지 조직 생활을 해왔다. 업무에서 뛰어난 역량을 중요하게 여긴다.

둘째, 각 지원자의 채용 여부를 정하는 의사 결정 리더이다. 위험 요소를 무릅쓰고 모험하기보다 돌다리도 두들겨보고 건너는 안전 제일주의자다. 지원자의 독특한 특성보다는 논리적인 행동 패턴을 중시한다.

셋째, 업무 측면에서도 역량이 뛰어나면서 동시에 조직에서 평판이 좋다. 인성을 갖춘 실력자로 주변 동료와 상하 모두에게 인정받는 사람이다.

면접위원이 어떤 인재를 좋아하는지 파악하라

면접위원들의 공통적인 특성을 이해하면 어떤 지원자를 선호할지 그려볼 수 있다. 역량과 인성 측면에서 면접위원이 선호하는 인재의 특성을 요약하면 다음과 같다.

역량 측면

- 목표를 세우고 성과를 내는 사람
- 문제 해결 능력이 뛰어난 사람
- 아이디어가 풍부한 사람
- 풍부한 표현력으로 간단하고 명료하게 설명하는 사람
- 이해력과 통찰력이 뛰어난 사람
- 의사소통 능력이 뛰어나고 디테일에 강한 사람

인성 측면

- 자신감이 넘치는 당당하고 떳떳한 사람
- TPO에 맞는 말과 행동을 하는 사람
- 예의 바르고 진실한 사람
- 상대방을 배려하고 존중할 줄 아는 사람
- 자기중심적이기보다 공사 구분이 분명한 사람

• 열정과 패기로 끝장을 보는 사람

지원자는 면접위원의 관점에서 자신을 바라봐야 한다. 면접에서 자주 볼 수 있는 사례가 면접위원을 배려하지 않으면서 자기가 하고 싶은 말(주로 외운 내용)만 하는 지원자다. 지원자가 TPO를 제대로 파악하지 않고 벼락치기로 시험을 치르듯이 면접에 임했을 때 자주 보여주는 실수다. 이와는 다르게 면접의 TPO에 맞게 소재를 역량 측면에서 해석하고, 인성 측면으로 전달하면 충분히 면접위원에게 호감을 살 수 있다.

무엇으로, 어떻게 설득할지 전략을 수립하라

면접위원은 질문만 한다. 질문에 답하고 면접을 주도하는 당사자는 지원자 자신이다. 테니스에 비유하자면 면접위원은 서브를 넣고 지원자는 어떻게 리시브해서 경기를 이끌어갈지를 결정한다. 방어에 치중하기보다 리시브를 제대로 하면 실제로 경기를 리드할 수 있다. 지원자가 면접위원의 의도를 파악하고 질문을 뛰어넘는 답을 하면 합격할 가능성이 커진다는 의미다.

면접에 자신 있게 임하기 위해 미리 대비할 수 있는 최고의 방법은 각자 개발해야 한다. 다만 다음과 같은 방법으로 대비한다면, 면접에서 당황하지 않고 효과적으로 대응할 수 있다.

• 면접에서 받고 싶은 질문 10가지
• 면접에서 받고 싶지 않은 질문 10가지

각각의 질문을 정해놓고 답할 내용을 3문장에서 5문장으로 요약하면, 면접에서 나오는 어떠한 질문에도 답변할 수 있다.

면접위원은 지원자가 첫인상부터 신뢰감을 주기를 원한다. 진솔함은 지원자의 예의 바른 태도와 눈치를 보지 않는 자신감으로 전달된다. 지원자는 면접이 진행되는 동안 내용, 형식, 태도에 주의해야 한다. 내용은 질문에 대응하는 답변 소재이고, 형식은 소재를 전달하는 수단으로 '결론-본론-결론'의 양괄식으로 전개하는 것이 좋다. 또한 면접 내내 적절한 긴장도를 유지하면서 질문자에게 집중하며 존중하는 태도를 견지해야 한다. 그래야 면접위원이 기꺼이 지원자의 편이 되어준다.

36장

면접에서 해야 할 일과
하지 말아야 할 일은 무엇인가요?

　학생 신분에서 사회에 나가 한몫을 담당하는 직장인으로 전환하는 과정이 취업 활동이다. 취준생은 취업 전선에서 마주하는 환경에 그리 익숙하지 않다. 비즈니스 세계에 익숙하지도 않고, 학생으로서 아르바이트 외에 조직 생활을 해볼 기회도 많지 않다. 취업과 관련한 강의를 수강하거나 지도를 받더라도 깊이 체득할 기회가 거의 없다. 특히 면접과 관련해서는 이론적으로 공부하더라도 실제 경험과 같지 않아 적잖이 어려움을 토로한다. 그렇다면 면접에서 해야 할 일과 하지 말아야 할 일을 알아보자.

5가지 성공 비결

　앞에서 사례로 든 성은 양의 이야기에서 면접의 성공 비결로 제시했던 내용이다.

1. 정체성: 취준생이 아닌 지원 기업 예비 신입사원
2. 태도: 면접 답변의 3요소인 내용, 형식, 태도 중 가장 중요
3. 열정과 패기: 자존감을 보여주는 특성으로 호감을 사는 강력한 무기
4. 스토리텔링: 생각과 콘텐츠를 정리하여 공감을 끌어냄
5. 주도권: 면접은 질문자가 아닌 답변하는 지원자가 주도

정체성은 지원자가 어떤 사람인지 보여준다. 취준생이나 학생의 모습으로는 면접위원을 설득하기가 쉽지 않다. 상호 동질감이 형성되어야 면접위원이 지원자에게 호감을 느낄 수 있다.

태도는 지원자와 관련된 특성을 알려준다. 형식이 각각 다른 PT, 직무, 토론, 임원면접에서도 주로 강조되는 부분은 태도다. 태도가 지원자의 인성을 대변하기 때문이다.

열정과 패기는 말로만 전달되는 특성이 아니다. 자존감이 높은 사람은 긍정적인 에너지로 상대방에게 호감을 불러일으킨다. 어떤 일을 하더라도 반드시 완수하겠다는 의지도 강하기 때문에 추진력과 책임감 부분에서는 열정과 패기를 보여줄 수 있다.

스토리텔링은 상대방을 공감시키는 강력한 무기다. 교과서에 나오는 정답 같은 내용으로는 설득할 수 없다. 면접위원이 지원자의 생각에 공감하려면 어떠한 기법이나 방법보다는 구체적이면서 간략하게 전달해야 한다. 비즈니스에서 주로 사용하는 '주장-논거-결론'의 형식을 채택하는 게 바람직하다. 기업에서는 항상 핵심 내용을 먼저 제시한다.

이공계 취준생은 면접의 주도권을 면접위원이 갖고 있다고 생각하는 경향이 강하다. 면접위원의 역할을 자세히 들여다보면 질문을 던지고 지원자의 반응을 살피고 답변을 듣는 것뿐이다. 실제로 면접의 분위기는 지원자가 주도한다. 그래서 소극적으로 나서면 면접이 밋밋하게 진행된다. 반대로 적극적으로 답변하는 모습을 보여주면 면접이 활발하고 흥미롭게 진행된다.

지원자는 면접 장소에 가기 전에 반드시 이 5가지 키워드에 유의해서 준비해야 한다.

해야 할 일 3가지

면접에서 행동으로 보여주어야 하는 3가지는 다음과 같다.

1. 알려라.
2. 보여줘라.
3. 공감시켜라.

첫째, 면접은 맞선과 맞먹는 정도로 중요한 자리다. 면접위원은 라포(rapport)를 형성하고 나면 지원자에게 자기소개를 요청한다. 처음 만나는 사이인데도 불구하고 자신의 경험, 취득한 자격증, 희망 사항을 쏟아내는 지원자가 대부분이다. 주로 무엇을 갖추고 있다는 소유(to have)의 관점으로 설명한다. 그보다는 지원 동기, 태도, 자질 등 존재(to be)의 관점에서 자신을 알려야 한다.

둘째, 면접의 전 과정에서는 단순히 묻고 답하며 지식을 확인하는 수준을 넘어선다. 실제로 면접위원은 지원자가 적극적인 태도를 보이는지 관찰한다. 또한 문제 해결 역량을 갖춘 후보인지 보고 싶어 한다. 과거의 경험을 바탕으로 입사 후 발휘할 역량을 보여준다면 면접위원을 어렵지 않게 설득할 수 있다.

셋째, 실현 가능한 도전 목표를 설정하여 면접위원을 공감시켜야 한다. 입사하면 최연소 임원이 되겠다는 등 일반적인 내용은 의미 없는 희망 사항에 지나지 않는다. 지원자가 입사를 위해 정리하고 준비한 내용을 주도면밀하게 전달하면 면접위원의 동의를 끌어낼 수 있다. 반드시 면접 내내 자신을 알리고, 보여주고, 생각에 공감하도록 해야 한다.

하면 안 되는 일 4가지

반대로 해서는 안 되는 일 4가지가 있다.

1. 거짓말
2. 무관심
3. 소극적 태도
4. 저항

지원자는 공백기, 학점, 경험, 프로젝트, 동아리 활동에 관해 설명할 때 과도하게 가공하거나 거짓으로 답하지 말아야 한다. 면접위원들은 거짓말에 넘어갈 정도로 어수룩하지 않다. 지원자가 불리하다고 여기는 점을 강점으로 해석하는 생각의 전환이 필요하다. 면접위원들은 진실성이 부족한 답변을 하는 지원자에 대해서는 부정적인 판단을 내린다.

면접위원이 회사와 직무에 관한 질문을 하면 가끔 엉성할 정도로 지식이 부족한 모습을 보이는 지원자가 있다. 주로 '묻지 마 지원자'의 모습으로 신입사원 후보군에 들어가기 어렵다. 자신이 일할 곳에 대해 아는 것이 없다면 입사할 의지가 없는 것과 다름없다.

또한 면접 내내 목소리가 작거나, 눈을 제대로 맞추지 못하거나, 자신감 없는 소극적인 태도는 바람직하지 않다. 면접위원은 지원자의 자신감 있고 당당하고 떳떳한 모습에 호감을 느낀다. 라포를 형성하는 순간부터 실제로 면접이다. 면접위원의 목소리가 온화해도 지원자는 면접이 끝날 때까지 패기와 박력 있는 모습을 유지해야 한다.

마지막으로 흔하지는 않지만 면접 도중에 저항하는 모습을 보이는 지원자도 있다. 간혹 면접위원이 꼬리 질문이나 압박 질문을 던지면 과도하게 부인하거나 지나칠 정도로 과잉 대응을 하기도 한다. 이런 경우 면접위원은 지원자의 수용성이나 적응 능력에 문제가 있다고 판단할 수 있다. 기업의 조직문화는 대체로 보수적이다. 혁신기업이라고 해도 조직 적합성을 중요시한다.

면접은 단순한 시험이 아니다. 상호 대화를 통해 기업에 필요한 인재를 발굴하는 과정이다. 대화에서 호감이 가는 인상을 남기기 위해 5가지 키워드를 기억하고 바람직한 태도와 그렇지 않은 사례를 염두에 두고 대응해야 합격에 가까이 다가설 수 있다.

1
삼성전자 자기소개서 쓰기

삼성그룹 자기소개서는 4개의 질문을 제시한다. 계열사에 따라 4번 질문 없이 3개 항목만 묻는 곳도 있다. 가장 많은 인원을 채용하는 삼성전자의 자기소개서를 기준으로 어떻게 쓰면 채용 담당자를 설득할 수 있는지 알아본다.

2022년 하반기 삼성전자 DS 부문 신입사원 자기소개서 질문

1. 삼성전자를 지원한 이유와 입사 후 회사에서 이루고 싶은 꿈을 기술하십시오.(700자 이내)

2. 본인의 성장 과정을 간략히 기술하되 현재의 자신에게 가장 큰 영향을 끼친 사건, 인물 등을 기술하시기 바랍니다.(※작품 속 가상 인물도 가능)

(1500자 이내)

3. 최근 사회 이슈 중 중요하다고 생각되는 한 가지를 선택하고 이에 관한 자신의 견해를 기술해주시기 바랍니다.(1000자 이내)

4. 지원한 직무 관련 본인이 갖고 있는 전문지식/경험(심화전공, 프로젝트, 논문, 공모전 등)을 작성하고, 이를 바탕으로 본인이 지원 직무에 적합한 사유를 구체적으로 서술해주시기 바랍니다.(1000자 이내)

자기소개서를 작성할 때는 2가지에 주의해야 한다. 내용과 형식이다. 주의해야 할 세부 내용은 다음과 같다.

내용

1. 자기소개서를 읽는 고객이 누구인지 파악해야 한다. 자기소개서는 1차로 채용 담당자가 읽는다. 그리고 최종 단계에서 임원을 포함한 면접위원이 읽는다.

2. 질문의 의도와 요지를 정확하게 파악해야 한다. 그래야 무엇을 묻는 것인지, 어떻게 답변할 것인지 방향과 소재를 정할 수 있다.

3. 왜 자기소개서를 작성하는지 분명히 알고 있어야 한다. 기업이 왜 지원자에 게 자기소개서를 요구하고, 지원자는 왜 쓰는지 목표와 목적이 뚜렷하지 않으면 곧바로 휴지통으로 들어간다. 기업은 자기 회사에 적합한 인재인지 알아보기 위해 자기소개서를 요구한다. 지원자는 채용 담당자를 설득하여 자기편으로 만들기 위해 자기소개서를 작성한다.

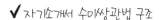

✔ 자기소개서 수미상관법 구조

형식

질문 예시 : 우리 회사에 지원한 동기를 구체적으로 기술하세요.(1000자 이내)

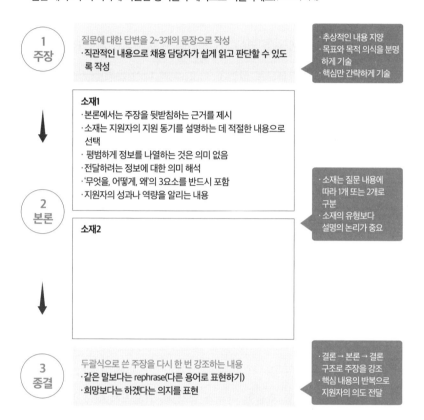

1. 기업에 제출하는 자기소개서는 일반 에세이와 다른 비즈니스 문서다. 모든 비즈니스 문서는 작성 목적이 분명하므로 읽는 사람 위주로 내용을 구성해야 한다.

2. 질문에 직답을 적어야 한다. 지원자가 작성하는 답변은 주제가 되고, 주제는 주장이 되며, 주장은 결론이 된다.

3. 글머리에 주장을 쓰고 다음 문단에서는 반드시 논거를 제시해야 한다. 근거 없는 주장에 귀 기울이는 사람은 없다.

4. 구·간·명으로 작성해야 한다. 구체적이면서도 간략하고 명료하게 써야 읽는 사람이 쉽게 이해할 수 있다.

5. 수미쌍관법(양괄법)으로 써야 전달하려는 의도가 분명해진다(사례 그림 참고). 글머리는 직관적으로 답변을 적고, 이에 대한 논거를 기술하여 글을 완성한다. 종결부는 안 써도 되지만 주장을 다시 한 번 강조하면 글을 읽는 사람이 지원자의 의도를 파악하기가 수월하다. 1번부터 4번까지 모든 답변을 사례와 같이 작성해도 무방하다.

자기소개서는 처음부터 끝까지 내용과 형식에 주의해야 한다. 삼성전자 자기소개서의 질문은 4개이지만, 지원자는 6개의 답변을 작성해야 한다. 그리고 각 문항은 글자 수를 제한하는데, 그 정도면 충분한 답변을 작성할 수 있다고 판단하기 때문이다. 삼성전자 자기소개서는 다음과 같이 가이드라인을 참고하여 작성하면 된다.

1번 질문: 삼성전자를 지원한 이유와 입사 후 회사에서 이루고 싶은 꿈을 기술하십시오.

여기서 묻는 내용은 2가지다. 첫째, 회사를 지원한 동기, 둘째, 입사 후 회사에서 이루고 싶은 꿈이다.

첫 문장과 첫 문단은 중요하다. 서면으로 처음 소개하는 지원자의 첫인상을 형성하기 때문이다. 취준생들이 자기소개서를 쓸 때 가장 어렵다고 토로하는 부분이 바로 지원 동기다. 질문에 대응하는 내용을 단도직입적으로 기술하는 지원자는 거의 없다. 어렵다고 생각해서 그런지 주로 지원자의 관심사, 즉 회사, 기술, 트렌드 등을 언급하면서 마지막 문장에 앞의 내용 때문에 지원한다고 쓴다. 지원 동기는 2가지 관점에서 자문(自問)하면 쉽게 정리할 수 있다. 지원자의 관점에서 삼성전자에 꼭 들어가야 하는 이유와 삼성전자가 지원자를 뽑지 않으면 안 되는 이유를 정리하면 된다. 일단 다음과 같이 지원하는 이유를 먼저 정리해보고, 필요 없는 내용을 삭제하면 동기는 분명해진다.

- 높은 연봉(×)
- 복리후생 제도(×)
- 워라밸(×)
- 기업의 인지도(×)
- 기술 경쟁력(×)
- 제품 경쟁력(×)
- 전공과 직무 적합성(○)
- 직무 경험(○)
- 직무 관련 대내외 실습(○)

여기에서는 기업이 지원자를 뽑아야 하는 타당한 내용이 있어야 한다. 그런 관점에서 보면, 위에서 언급한 내용 중 전공과 직무 관련 내용이나 경험을 선택해야 설득력이 있다. 기업은 지원자의 자아실현이나 자아 성취보다 기업에 입사하여 무엇을(what), 왜(why), 어떻게(how) 기여할 것인지에 초점을 맞춰서 본다. 그렇다면 지원 동기에 대한 답변은 삼성전자 또는 직무에 지원한 동기를 직답으로 적어야 채용 담당자가 지원자를 이해하기 쉽다. 좋은 사례로 삼성전자에 합격한 K군의 지원 동기를 참고해본다.

> 저는 광학과 반도체 지식 그리고 공정설비 운영 경험을 바탕으로 ○○사업부에서 EUV 설비 담당 엔지니어로 초미세 공정 완성에 이바지하기 위해 지원하였습니다. 스마트폰에서 자동차까지 일상생활 속에서 반도체 활용 범위가 넓어지고, 미세화 기술 경쟁이 심화함에 따라 포토 공정 특히 EUV의 중요성이 대두되고 있습니다. 입사하게 되면 EUV 담당자로서 초미세 공정에서 최고의 수율을 낼 수 있는 전문가가 되겠습니다. 이 직무와 관련된 지식 기반의 역량을 갖추기 위해 다음과 같이 경험을 쌓았습니다.

그다음으로 입사 후 회사에서 이루고 싶은 꿈에 대해서는 지원자 대부분이 자신의 희망 사항이나 자아실현에 관한 내용을 기술한다. 제시 단어는 꿈이지만 다르게 해석해야 한다. 냉정하게 말하면 기업은 지원자의 희망 사항에 관심이 없다. 기업은 지원자가 입사하여 우리 회사에서 어떤 역할을 할 것인지에 관심이 있다. 입사 후 꿈이란 해당 직무에서 어떻게 직무 역량을 개발하여 전문가로서 회사에 이바지할 것인지, 지원자의 직무개발 계획(CDP, Career Development Path)을 의미한다. 이 질문은 지원 직무를 상세하게 알고 있어야 작성할 수 있다. 직무기술서를 분석하여 해당 직무의 현재 역할과 향후 비전을 상세하게 알아야 한다. 그저 뽑아만 주면 열심히 하겠다는 내용으로는 채용 담당자를 설득하기 쉽지 않다.

2번 질문: 본인의 성장 과정을 간략히 기술하되 현재의 자신에게 가장 큰
영향을 끼친 사건, 인물 등을 기술하시기 바랍니다.(※ 작품 속 가상
인물도 가능)

비즈니스 문서인 자기소개서에서 지원자의 성장 과정에 대해 알려달라
는 이유를 유추해보면 무슨 내용으로 기술할지 분명해진다. 지원자가 어떤
사람인지 궁금하다는 것이다. 지원자의 인생관, 세계관, 가치관에 관한 내
용이면 적절하다. 답변의 주제를 정했으면, 소재를 골라 설득력 있는 내용
으로 정리하면 된다. 가능하면 작성 시점에서 시간상으로 가까운 내용이
좋다. 성장 과정이라고 해서 먼 어린 시절의 내용을 가져오는 사람이 있다.
채용 담당자에게 먼 과거의 이야기는 설득력이 떨어진다. 단, 인성과 관련
된 내용이라면 중고등학교 시절 이야기도 괜찮다.

- 학업 관련
- 프로젝트 관련
- 아르바이트 관련
- 대학원
- 인턴 경험
- 현직 경험
- 교환학생
- 워킹 홀리데이
- 동아리 활동
- 봉사 활동

- 군 복무 경험

위에 열거한 경험을 상세하게 적으라는 것이 아니다. 이러한 경험을 통해 사리 분별의 기준이 되는 가치관은 무엇인지, 의사 결정과 행동의 준거가 무엇인지 알려달라는 뜻이다. 1500자 이내이기 때문에 주제를 하나보다는 2가지로 나눠 적으면 읽는 사람이 지루해하지 않으면서 지원자의 다양한 면을 알 수 있다.

첫 번째 주제는 인성과 관련된 내용으로 기술하고, 두 번째 주제는 일 처리와 관련된 내용이면 설득력이 높아진다. 인성과 관련된 것이라면 사고 방식을 보여주는 것이고, 일 처리와 관련된 내용은 대인관계까지 포함한 역량을 설명할 수 있다. 참고로 기업에서 선호하는 대표적인 특성이나 스타일을 요약하면 다음과 같다.

- 수용성
- 적응 능력
- 학습 능력
- 응용 능력
- 적극적인 태도
- 긍정적인 사고방식
- 능동적인 자발성
- 자기주도적 일 처리
- 자신감
- 당당함

• 떳떳함

3번 질문: 최근 사회 이슈 중 중요하다고 생각되는 한 가지를 선택하고 이에 관한 자신의 견해를 기술해주시기 바랍니다.

1번과 같이 답변을 2개로 정리해야 한다. 3번 질문에는 어떠한 이슈를 선택해도 상관없다. 단, 가능하면 지원하는 기업과 산업에 관련된 내용이 바람직하다. 최근 사회 이슈라고 하면 충격적인 범죄 사건이나 민감한 정치, 외교와 관련된 내용을 선택하는 지원자도 가끔 있다. 상식적으로 생각하면 삼성전자 채용 담당자가 신입사원을 선발하는데 사회범죄나 정치, 외교와 같은 사안에 관심 있을지 의문이다. 공적인 채용 업무에 참고할 만한 내용은 아니다.

3번에서는 지원자가 선택한 이슈가 무엇인가보다는 이슈에 대한 지원자의 생각을 집중적으로 기술해야 한다. 사안에 대해 어떻게 해석하는지 지원자의 생각을 알려달라는 의미다. 이슈를 선정했으면 채용 담당자에게 알리고 싶은 의견을 다음과 같은 순서로 기술한다.

• 이슈로 선정한 배경(이유)?
• 선정한 이슈의 문제점이나 시사점?
• 이슈를 통해 전달하고 싶은 지원자의 생각과 결론?

어떤 지원자는 기업의 최근 이슈를 홈페이지나 인터넷 기사에서 발췌해 언급하기도 한다. 다른 사람이 작성한 내용은 지원자가 해석한 내용으로 다시 정리해서 자신만의 언어로 표현해야 한다. 이미 채용 담당자는 1번과 2번에서 지원자의 문체에 익숙해졌기 때문에 다른 사람이 쓴 내용을 대폭 수정하지 않고 복사해서 붙여넣기 수준이라면 금방 알아챈다.

종종 처음부터 끝까지 문제만 나열하는 지원자도 있다. 3번 질문에서 중요한 건 이슈를 바라보는 지원자의 생각이기 때문에 반드시 해결책을 제시해야 한다. 답변 내용의 수준이 높고 낮음을 판단하기보다 지원자가 어떤 생각을 하는 사람인지 알아보기 위해 제시하는 질문이기 때문에 이슈 선정 이유, 시사점, 지원자의 생각을 기술해야 한다.

4번 질문: 지원한 직무 관련 본인이 갖고 있는 전문지식/경험(심화전공, 프로젝트, 논문, 공모전 등)을 작성하고, 이를 바탕으로 본인이 지원 직무에 적합한 사유를 구체적으로 서술해주시기 바랍니다.

1번 다음으로 중요한 질문이다. 4번은 직무 적합성과 관련된 질문으로 지원자가 직무를 잘 파악하고 있는지, 또한 직무의 역할을 잘 이해하고 있는지 알아보는 질문이다. 직무기술서의 내용을 잘 이해하고 숙지해야 답할 수 있다.

삼성전자에서 제공하는 직무기술서를 문자 그대로 이해하면 곤란하다. 직무의 내용을 물어보면 명목으로는 알고 있는데 실제로 어떤 일을 하는지 자세히 알고 있는 경우는 많지 않다. 직무 적합성은 지원 동기 다음으로 심혈을 기울여서 작성해야 하는 항목이다. 그러기 위해서는 해당 직무가 실제로 어떤 일을 하는지 알고 있어야 하며, 자신의 전공이나 대내외활동이 직무와 어떤 연결 고리가 있는지 설득해야 한다. 여기서는 수동적인 입장에서 설명하기보다 능동적으로 표현해야 설득력이 높다. 다음과 같은 표현은 지원자가 어떠한 역량을 가지고 있는지 분명하게 보여주지 못한다.

- ○○공학을 전공했습니다.
- ○○과목에서 A+를 받았습니다.
- ○○공정 실습을 수료했습니다.
- ○개월 동안 인턴 실습을 했습니다.
- 현직에서 ○○업무를 수행했습니다.

지원하는 직무를 수행하기 위해 지원자가 지난 1~2년 동안 준비한 내용과 활동이 무엇인지 설명하면서 지원자가 보유하고 있는 지식과 역량을 알려야 한다. 자신의 역량을 적극적으로 알리지 않으면 채용 담당자는 지원자의 직무 수행 능력이나 잠재력이 어떠한지 알 수 없다. 지원 직무가 어떤 일을 하는지, 지원자의 지식과 경험 중 핵심 역량은 무엇인지, 왜 지원자가 이 직무에 적합한 후보자인지에 대한 논거가 분명하게 표현되어야 한다.

자기소개서는 취업에서 가장 먼저 통과해야 하는 관문이다. 글쓰기로 상대방을 설득하지 못하면 면접까지 갈 수 없다. 자기소개서는 입사를 희망하는 기업에 자신을 처음으로 소개하는 비즈니스 문서다. 질문의 요지를 잘 파악하고, 자신의 소재를 정리하여 어떤 내용으로 대응할 것인지 전략을 잘 짜야 통과된다. 자기소개서를 쓰는 목적은 상대방을 설득해서 내 편으로 만들기 위해서라는 점을 항상 명심하자.

2
SK하이닉스 자기소개서 쓰기

SK그룹 자기소개서에는 지원 동기를 묻는 항목이 없다. 질문 항목 4개 모두 직무 적합성과 관련된 내용이다. SK 계열사 중 신입사원을 가장 많이 뽑는 SK하이닉스의 자기소개서를 기준으로 어떻게 쓰면 채용 담당자를 설득할 수 있는지 알아본다.

2022년 하반기 SK하이닉스 수시채용 자기소개서 질문

Q1. 자발적으로 최고 수준의 목표를 세우고 끈질기게 성취한 경험에 대해 서술해주십시오.(700~1000자 10단락 이내)

Q3. 새로운 것을 접목하거나 남다른 아이디어를 통해 문제를 개선했던 경험에 대해 서술해주십시오.(700~1000자 10단락 이내)

Q5. 지원 분야와 관련하여 특정 영역의 전문성을 키우기 위해 꾸준히 노력한 경험에 대해 서술해주십시오.(700~1000자 10단락 이내)

Q7. 혼자 하기 어려운 일에서 다양한 자원 활용, 타인의 협력을 최대한으로 이끌어내며, 팀워크를 발휘하여 공동의 목표 달성에 기여한 경험에 대해 서술해주십시오.(700~1000자 10단락 이내)

Q2, Q4, Q6, Q8. 기술한 경험 외에 추가적으로 설명하거나 더 보여주고 싶은 경험이 있다면 서술해주십시오.(선택 사항)

Q2, Q4, Q6, Q8은 더 기술할 내용이 있을 때 활용하면 된다. 실제로 주 질문에 충실하게 답변한 지원자들은 추가로 기술하는 경우가 거의 없다. 삼성전자와 비교하면 SK하이닉스 자기소개서 작성이 더 쉽게 느껴진다. 지원자를 배려하여 작성 지침을 제시하기 때문이다. 하지만 지침에 따라 기계적으로 작성하는 경우 오히려 가독성을 떨어뜨리기도 한다. 지침에 집중하다 보면 전달력이 다소 떨어질 수도 있기 때문이다. 전달력이 약하면 설득력을 잃는다. 하지만 SK하이닉스의 자기소개서는 질문만 정확히 이해하면 쉽게 작성할 수 있다.

SK하이닉스의 자기소개서 질문에는 반드시 무엇을(what), 왜(why), 어떻게(how)로 답변하라.

Q1. 자발적으로 최고 수준의 목표를 세우고 끈질기게 성취한 경험에 대해 서술해주십시오.

여기서 질문의 요점은 2가지다. 최고 수준의 목표가 무엇이었는지와 어떻게 성취했는지 과정을 묻고 있다. SK그룹은 수펙스(SUPEX)를 경영철학의 핵심으로 삼는다. 'Super Excellence'로 인간의 능력으로 도달할 수 있는 최고 수준을 뜻한다. 기업은 경영 목표를 수립하고 그 목표를 달성하기 위해 구성원들이 각자의 업무 목표를 세운다. 기업은 목표를 달성하는 방편으로 '도전 목표(stretch goal)'를 세우도록 독려한다. 도전 목표는 이미 세운 것보다 더 높은 목표로서 기존과는 다른 창의적인 방법을 찾아 해결하여 그 이상의 성과를 낼 수 있도록 유도하는 경영 기법이다. 동시에 잠재 역량을 일깨워주는 효과를 기대한다. 그렇다면 질문의 요점은 스스로 한계를 넘어서는 도전 목표를 세워본 경험이 있는지 묻는 것이다. 지원자가 많이 쓰는 대표적인 소재는 다음과 같다.

- 학업 역량 향상 경험
- 편입 성공 경험
- 연구 목표 달성 경험
- 인턴십 업무 완결 경험
- 아르바이트 매출 증대 경험
- 체력 향상 경험
- 대외활동 목표 성취 경험

물론 이외에도 자신만의 경험을 소재로 삼을 수 있다. 답변은 소재의 개요를 소개하고 과정과 결과를 설명하는 방식으로 작성하면 된다. 가끔 최선을 다했지만 목표 달성에는 실패한 소재를 쓰는 지원자도 있다. 이런 경우 질문과 연관된 경험이 마땅히 없어서 실패 경험이라도 썼다고 한다. 하지만 여기서는 '끈질기게 성취한 경험'을 소재로 설명하라는 뜻이다. 어떤 지원자들은 '끈질기게'라는 관형어에 초점을 맞춰 기간이 오래 걸린 경험을 소재로 삼는다. 그것보다는 진행하기 어려운 상황에서도 포기하지 않고 성취한 것을 강조하라는 의미다.

첫 번째 질문은 지원자가 목표 지향적인 사람인지, 남다른 책임감이 있는지, 수동적이지 않고 자기주도적으로 일을 처리하는 사람인지 알아보려는 의도이다. 이에 대응하는 소재를 선정하고 뒷받침하는 설명을 해야 한다.

SK하이닉스의 자기소개서 질문에는 지극히 일반적인 내용도 소재로 활용할 수 있다.

Q3. 새로운 것을 접목하거나 남다른 아이디어를 통해 문제를 개선했던 경험에 대해 서술해주십시오.

이것은 '창의적인 사고방식'과 '개선 의식'이 있는지 묻는 내용이다. '새롭다', '남다르다'는 건 누구나 생각해낼 수 있는 상식적인 내용을 말하는 게 아니다. 그렇다고 무(無)에서 유(有)를 창조한 경험을 쓰라는 뜻도 아니다. 기업에서 말하는 창의적인 사고방식은 온고지신(溫故知新)이다. 기존의 것에서 아이디어를 얻거나 모방을 통해 새로운 뭔가를 도출하는 것을 의미한다.

지원자들이 소재를 얻는 방법은 첫 번째 질문에서 제시한 것과 거의 유사하다. 특히 연구 과제를 수행하는 과정에서 해결하기 힘든 문제에 봉착했을 때 해결한 경험을 주로 기술한다. 때로는 인턴십이나 아르바이트를 하면서 비효율적인 업무 프로세스를 개선한 경험을 쓰기도 한다. 남자 지원자의 경우 군 복무를 소재로 삼기도 한다. 일반적으로 군대 생활에 대해 쓰기를 꺼리는 경향이 있다. 이유를 물어보면 기업에서 싫어하기 때문이라고 대답한다. 누구에게 들었는지 물어보면 인터넷 취업 카페 같은 데 떠도는 말이라고 한다. 이에 대해 다음과 같이 반문한다.

"여러분이 기업에 지원하기 전에 군대 이외의 어떠한 조직에서 명확하게 부여된 업무를 매뉴얼과 프로세스에 따라 처리한 경험이 있는가?"

기업에서 군대 관련 이야기를 싫어한다면 그 이유는 단순하다. 군 복무 경험을 제대로 설명하지 못했기 때문이다. 군대 경험은 상대방을 설득할 수 있는 좋은 소재다. 긍정적으로 해석하면 충분히 화젯거리로 만들 수 있다. 꼭 군대 경험이 아니더라도 지원하는 직무와 전공이 일치하거나 관련성이 높으면, 전공 관련 프로젝트와 연구실 등에서 문제를 해결한 경험도 좋다.

일반적이지는 않지만 두 번째 질문을 어려워하는 지원자도 적지 않다. 특별한 대외활동 없이 학업에만 집중한 경우가 그렇다. 우수한 학업 성취에도 불구하고 남들과 다른 방법으로 문제를 해결한 소재가 없다. 이런 지원자를 만나면 다음과 같은 질문을 던져서 스스로 소재를 찾을 수 있도록 유도한다.

"학업 성취도가 높은데 지원자만의 특별한 공부 방법이 있는가?"

공부하는 방법은 사람마다 다르다. 다른 지원자와 차별화되는 자신만의 비법을 기술하면 된다. 비법을 설명하는 관점이 자신만의 창의적인 방법, 기존의 학습 성과보다 더 높일 수 있는 공부법이면 채용 담당자의 관심을 끌 수 있다.

직무 적합성과 직무 역량에서 중요한 건 문제 해결 능력이다.

Q5. 지원 분야와 관련하여 특정 영역의 전문성을 키우기 위해 꾸준히 노력한 경험에 대해 서술해주십시오.

직무 적합성은 지원자가 해당 직무를 수행하는 데 필요한 전공지식이나 경험이 실제로 연관성이 있는지 판단하기 위해 확인하는 부분이다. 신입 사원을 가장 많이 채용하는 반도체, 이차전지, 자동차, 디스플레이, 케미컬, 전자재료 관련 기업은 자사 제품이나 공정과 관련된 전공자를 선호한다. 또한 학부나 대학원에서 기업과 관련된 주제를 다루어본 지원자를 우선 채용 대상으로 선정하기도 한다.

지원자가 적합한 인재라는 걸 설득하기 위해서는 먼저 해당 직무를 정확히 파악하고 있어야 한다. 직무에 알맞은 전공지식과 경험을 설명해야 한다. 같은 전공이라고 해도 지원하는 직무에 따라 수행하는 내용은 다르다. SK하이닉스는 직무 소개를 상세하게 안내하고 있다(https://recruit.skhynix.com/). 이 내용을 참고해 지원 업무에서 어떤 일을 하게 되는지 상상력을 발휘하여 자신의 역할을 정의해야 한다. 그러고 나서 자신의 지식과 경험을 소재로 이 직무에 적합하다는 점을 주장해야 한다.

희망하는 직무와 자신의 전공이 관련 없을 때는 어떻게 해야 하느냐는 질문을 자주 받는다. 기업에서 신입사원을 선발할 때 전공을 중요하게 생각하지만, 전공 연관성이 낮거나 아예 없는 경우에는 직무 역량을 검토한다. 연관 없는 전공이라고 해서 서류전형에서 곧바로 불합격시키는 건 아니다. 직무와 전공의 연관성이 중요한 업무도 있지만, 오히려 직무 역량을 잘 설명하면 상대방을 설득하기가 쉬울 수도 있다. 직무 역량을 다른 말로 표현하면 '일 처리 능력'이다. 일 처리를 잘하는 지원자라는 걸 보여주기 위해서는 소재를 선정해서 다음의 프로세스를 참고하여 정리하면 된다.

- 목표는 무엇이었는가?
- 목표를 달성하기 위한 구체적인 실행 계획은 무엇이었는가?
- 실행 중에 발생한 문제는 무엇이었는가?
- 어떻게 문제를 해결했는가?
- 목표를 달성했는가?
- 성과는 무엇이었나?
- 향후 업무에 적용할 역량은 무엇인가?

대체로 기업에서 일할 때 적용하는 기본 방식이라고 보면 된다. 산업이 다르고 생산하는 제품도 다르지만 일 처리 프로세스는 어느 회사나 거의 같다고 보면 된다. 전공과 직무와는 관련 없는 곳에 지원하였다면, 경험을 상기하면서 위와 같은 일 처리 역량을 제시하여 채용 담당자가 동질감을 느낄 수 있도록 해야 한다. 기업은 누구나 쉽게 할 수 있는 일을 해서 이익을 내는 것이 아니다. 남들이 하기 힘든 일, 불가능한 일을 해서 경영 목표를 달성한다. 그러기 위해서 문제 해결 능력은 필수다. 채용 담당자가 지원자의 소재를 읽고 동질감을 느끼면 호감이 생기고 면접전형에서 검증하겠다는 결정을 내릴 수 있다.

협업 능력에서 필요한 핵심 역량은 상황 파악 능력, 의사소통 능력, 공감 능력, 설득력, 추진력이다.

Q7. 혼자 하기 어려운 일에서 다양한 자원 활용, 타인의 협력을 최대한으로 이끌어내며, 팀워크를 발휘하여 공동의 목표 달성에 기여한 경험에 대해 서술해주십시오.

기업에서 직무를 수행하면서 담당자 혼자 일을 해결하는 경우는 많지 않다. 예전 같으면 자신만의 노하우(know-how)로 문제를 해결했지만, 기업의 업무 프로세스가 세분화되고 전문화되면서 팀원과 부서 간의 협력이 중요하다. 개인과 팀의 목표를 달성하기 위해 어느 부서와 누구의 자원을 활용하면 되는지 노웨어(know-where)를 잘 알아야 유능한 사람으로 평가받는다. 팀워크가 제대로 이루어지기 위해서는 문제가 무엇인지 정확히 상황을 파악해야 하고, 문제 해결을 위한 의사소통 능력도 중요하다.

직무 적합성과 직무 역량은 지원자의 학습 영역을 점검하는 것이라고 보면 된다. 학습 영역에 속하는 특성은 지식과 경험이다. 하지만 팀워크는 지원자의 습관 영역에 속하는 특성으로 지원자의 동기, 인성, 대인관계 역량 등을 보여줄 수 있다.

소재는 공동의 목표를 달성한 경험을 바탕으로 선택해야 한다. 팀워크를 발휘한 과정도 중요하지만, 결과가 더 중요하기 때문에 목표를 달성한 경험을 소재로 삼는 게 바람직하다. 특히 이 질문에서 지원자들은 공동의 작업을 하다가 서로 소통이 부족하거나 각자 맡은 일에 대한 책임감 부족과 진도율을 서로 조율한 사례를 많이 선택한다. 학교에서 추진했던 프로젝트, 특별한 목적을 갖고 했던 봉사 활동, 행사 준비 또는 동아리 활동이 주를 이룬다. 이러한 소재로 공동의 업무를 추진하는 과정에서 팀워크를 맞춰가기 위해 상대방을 설득했거나 협의를 통해 자신의 과도한 의욕을 양보해서 목표를 달성한 경험으로 채용 담당자를 설득할 수 있다. 여기서는 다음과 같은 방법을 사용하여 쉽게 설명할 수 있다.

- 문제 정의
- 문제 원인 분석
- 문제 해결을 위해 선택한 방법
- 실행한 경과
- 결과 및 성과
- 내가 확보한 역량

5대 그룹 중 SK는 유일하게 지원 동기를 묻지 않는다. 그렇다고 SK에 지원하는 이유를 적지 말라는 의미는 아니다. 4개의 질문에 답변을 기술하면서 왜 지원자가 이 직무에 적합한지 설명하는 과정에서 지원 동기를 적을 수 있다. 주의할 점은 대체로 역량과 관련된 내용이므로 추상적이기보다는 구체적인 동기를 자연스럽게 기술해야 한다는 것이다.

SK하이닉스 자기소개서 제시문

Q1. 자발적으로 최고 수준의 목표를 세우고 끈질기게 성취한 경험에 대해 서술해주십시오.

⋯▸ 본인이 설정한 목표 / 목표 수립 과정 / 처음에 생각했던 목표 달성 가능성 / 수행 과정에서 부딪힌 장애물 및 그때의 감정(생각) / 목표 달성을 위한 구체적인 노력 / 실제 결과 / 경험의 진실성을 증명할 수 있는 근거가 잘 드러나도록 기술

Q3. 새로운 것을 접목하거나 남다른 아이디어를 통해 문제를 개선했던 경험에 대해 서술해주십시오.

⋯▸ 기존 방식과 본인이 시도한 방식의 차이 / 새로운 시도를 하게 된 계기 / 새로운 시도를 했을 때의 주변 반응 / 새로운 시도를 위해 감수해야 했던 점 / 구체적인 실행 과정 및 결과 / 경험의 진실성을 증명할 수 있는 근거가 잘 드러나도록 기술

Q5. 지원 분야와 관련하여 특정 영역의 전문성을 키우기 위해 꾸준히 노력한 경험에 대해 서술해주십시오.

⋯▸ 전문성의 구체적인 영역(통계 분석) / 전문성을 높이기 위한 학습 과정 / 전문성 획득을 위해 투입한 시간 및 방법 / 습득한 지식 및 기술을 실전적으로 적용해본 사례 / 전문성을 객관적으로 확인한 경험 / 전문

성 향상을 위해 교류하고 있는 네트워크 / 경험의 진실성을 증명할 수
있는 근거가 잘 드러나도록 기술

Q7. 혼자 하기 어려운 일에서 다양한 자원 활용, 타인의 협력을 최대한으로
이끌어내며, 팀워크를 발휘하여 공동의 목표 달성에 기여한 경험에 대
해 서술해주십시오.

⋯▸ 관련된 사람들의 관계(친구, 직장 동료 등) 및 역할 / 혼자 하기 어렵다
고 판단한 이유 / 목표 설정 과정 / 자원(사람, 자료 등) 활용 계획 및 행동
/ 구성원들의 참여도 및 의견 차이 / 그에 대한 대응 및 협조를 이끌어
내기 위한 구체적인 행동 / 목표 달성 정도 및 본인의 기여도 / 경험의
진실성을 증명할 수 있는 근거가 잘 드러나도록 기술

3
LG에너지솔루션 자기소개서 쓰기

LG그룹에서 가장 성장성이 높은 LG에너지솔루션의 자기소개서 항목을 파악하고 무엇을, 어떻게 기술할 것인지 알아본다.

2022년 상반기 LG에너지솔루션 수시채용 자기소개서 질문

1. LG에너지솔루션 및 모집 분야에 지원한 동기를 구체적으로 소개해주세요.(1000자 이내)

2. 지원 분야 관련된 본인만의 차별화된 강점/역량을 기술하고, 지원 모집 분야에 어떻게 적용을 할 수 있을지 소개해주세요.(1000자 이내)

3. 지금까지 살아오면서 가장 많은 노력을 쏟아부었던 성공 혹은 실패 경험과 그 과정을 통해 무엇을 배웠는지 소개해주세요.(1000자 이내)

1번 질문: 지원 동기만이라도 분명하게 전달하면 합격할 수 있다.

1. LG에너지솔루션 및 모집 분야에 지원한 동기를 구체적으로 소개해주
   세요.

전형적인 질문인 지원 동기를 1번에 배치했다. 1000자 이내로 지원자
가 전달해야 하는 내용은 2가지다.

　　① LG에너지솔루션을 지원한 이유
　　② 직무를 선택한 동기

회사를 선택한 이유는 간단하게 정리하면 된다. 왜 타 기업에 지원하지
않고, LG에너지솔루션에 들어오려고 하는지 지원자의 주장과 논리가 있어
야 한다. 해당 직무를 수행하려는 이유도 마찬가지로 정리할 수 있다. 예를
들어 전공이 화학공학인데 생산기술을 지원하지 않고 공정기술을 지원한
이유, 또는 경영학 전공인데 경영전략이 아니라 왜 영업·마케팅 부서에 들
어가려는지 동기를 기술한다.

자기소개서를 작성할 때는 다음 3가지 원칙을 반드시 기억해야 한다.

① 질문의 요지 파악하기
② 질문에 대한 답변=주장=주제=결론 정하기
③ 주장을 뒷받침할 소재를 선택하여 논거 제시하기

기업이 묻는 지원 동기는 지원자의 희망 사항이나 자아실현의 목표와 관련된 내용이 아니다. 아래 2개의 사례를 읽으면서 질문에 적절하게 대응하는 내용인지 살펴보기를 바란다.

A군의 지원 동기

생산기술 직무는 공정을 개선하여 생산성을 향상하고, 문제 해결을 통해 원활하게 공정이 운영될 수 있도록 돕는 업무를 한다고 알고 있습니다. 다양한 경험을 통해 분석력과 문제 해결 역량은 생산기술 업무 수행에 적합하다고 생각해서 지원했습니다.

A군은 상대방이 이미 알고 있고 지원 동기와 관련 없는 내용을 기술했다. 자기소개서는 지원자와 관련된 내용만으로 구성해야 한다. 구체적이고 근거 있는 내용으로 자신을 설명해야 한다.

B군의 지원 동기

C기업 기술지원팀 인턴십에서 고객사의 이슈를 해결하고 품질을 개선하는 업무를 했습니다. 실험과 관련한 아이디어를 제안하고 문제를 해결하는 과정에서 업무의 보람을 느꼈습니다. 문제를 끝까지 해결하는 성격이 직무와 잘 맞다고 확신했습니다. 품질, 기술에 관련된 솔루션을 확보하여 제품 개선에 이바지하겠습니다.

B군은 첫 문장부터 지원 동기를 설명하지 않는다. 문단 내에도 지원 동기를 설명하는 내용은 없다. 자기소개서는 비즈니스 문서다. 글쓴이의 생

각, 느낌, 감정을 전달하는 에세이와는 성격이 다르다. 자기소개서를 읽는 독자는 채용 담당자와 면접위원이다. 이들이 자기소개서를 읽으면서 어떠한 내용을 알고 싶어 하는지, 지원자의 어떤 면을 보고자 하는지 의도를 파악하고 내용을 기술해야 한다.

자기소개서의 답변은 반드시 주장(답변이고 주제이며 동시에 결론)을 먼저 쓰고, 본론에서 주장에 대한 논거를 제시한다. 여기에 주장을 다시 한 번 강조하면서 결론으로 마무리하면 읽는 사람이 쉽게 이해한다.

2번 질문 : 직무 적합성은 지식과 경험을 의미하지 않는다. 무엇을 어떻게 할 수 있는가 하는 역량이다

2. 지원 분야 관련된 본인만의 차별화된 강점/역량을 기술하고, 지원 모집 분야에 어떻게 적용을 할 수 있을지 소개해주세요.

본인만의 차별화된 강점이나 역량이 무엇인지 묻는다. '차별화'는 수준이나 등급에서 뛰어나게 구별할 수 있는 특징을 의미한다. 다른 지원자 대비 자신이 뛰어나다고 생각하는 점이나 능력이다. 독특한 개인기나 특기를 말하라는 뜻이 아니다. 직무와 관련하여 발휘할 수 있는 직무 수행 능력이 무엇인지 묻는 것이다.

지원하는 직무가 무슨 일을 하는지 잘 모르면 제대로 답변하기 어렵다. 채용 공고에 지원 업무의 내용을 상세하게 소개하고 있다. 주요 수행 업무를 단순히 확인하고 외우는 것으로는 채용 담당자가 요구하는 수준에 대응하는 답변을 작성하기 쉽지 않다. 예를 들어 엔지니어 직군이라면 생산 프로세스, 생산기술과 관련된 내용에 정통해야 한다. R&D 직군이라면 제품 개발에 필요한 원·부재료에 대한 이해와 연구방법론, 분석기기 등에 대한 지식과 경험을 정리해야 한다. 제품 개발이나 생산과 직접 관련 없는 직무라 할지라도 제품에 대한 기본 정보를 숙지해야 한다. 당연히 직무 수행과 관련된 역량을 반드시 알려야 한다.

이 부분에서 지원자들이 흔히 하는 실수는 단순히 전공 과목이나 현장 실습 내용을 나열하는 것이다.

- ○○공학을 수강했습니다.
- ○○과목에서 좋은 성적을 받았습니다.
- 외부 교육기관에서 ○○을 교육받았습니다.
- 공모전에서 대상을 받았습니다.
- 학부 연구실에서 ○○업무를 수행했습니다.

'무엇을 했다'라는 설명은 그냥 정보를 나열하는 수준이기 때문에 지원자의 역량을 알 수 없다. 전공 공부를 하고, 외부 교육을 받고, 실습 등을 수행하면서 지원자가 습득하고 체득한 지식과 역량을 알려야 한다. 역량을 구체적인 내용으로 설명하지 않으면 채용 담당자는 지원자가 직무 수행 능력이 있는지 알 수 없다. 지원자의 지식과 경험 중 핵심 역량은 무엇인지, 왜 지원자가 이 직무에 적합한 후보인지 납득할 만한 논거를 분명하게 표현해야 한다.

3번 질문 : 채용 담당자는 지원자가 어떤 사람인지 무척 궁금해한다.

3. 지금까지 살아오면서 가장 많은 노력을 쏟아부었던 성공 혹은 실패 경험
  과 그 과정을 통해 무엇을 배웠는지 소개해주세요.

  지원자는 대체로 졸업 예정이거나 이미 졸업한 상태다. 지금까지의 경험은 주로 학창 시절에 겪은 내용으로 학업, 아르바이트, 인턴, 동아리 활동 등과 남학생의 경우 군대 복무를 포함한다. 성공과 실패를 주제로 하는 소재를 선택해서 지원자가 어떤 사람인지 보여주면 된다. 가능하면 주제를 하나보다는 2가지를 선택하여 설명하는 것이 바람직하다.

  첫째, 성공이나 실패 사례를 설명하면서 지원자의 가치관이 무엇인지 정의하고, 지원자의 철학과 세계관을 설명해야 한다. 지원자의 특성, 특질, 동기, 태도, 신념, 사고방식을 자연스럽게 알릴 수 있는 내용으로 정리한다. 한마디로 인성의 영역이라고 생각하면 된다. 여기에 적는 내용은 지원자가 면접에서 답변할 가능성이 크다. 기업에서 사람을 채용할 때는 주로 지식, 경험, 인성 영역에 주목한다. 지식과 경험은 학습 영역으로 교육과 훈련으로 개발할 수 있지만, 인성은 천성적이고 꾸준한 자기계발의 영역으로 교육과 훈련으로 보완하기가 쉽지 않다. 이것이 인성을 중요시하는 이유다.

  둘째, 교훈이 무엇이었는지에 대한 답변은 첫째 답변의 연장선에서 기술하면 된다. 대부분 무엇을 '깨달았다', '배웠다', '알게 되었다'고 표현하는데, 그보다는 구체적으로 써야 설득력이 있다.

  • 그 경험으로 이전에는 할 수 없었던 ○○을 할 수 있게 되었습니다.

- 실수를 통해 약점인 ○○을 장점으로 만들 수 있었습니다.
- 성취하는 과정에서 ○○역량을 개발하였습니다.
- 시간이 걸리고 힘은 들었지만, 불가능했던 일을 끝까지 완결하여 성과를 냈습니다.

내용을 추가할 여력이 있으면 경험 중에 대인관계 역량을 강조하는 것도 괜찮다. ICT 기술이 발달하고 업무가 세분화하면서 혼자서 처리하는 업무가 많지 않다. 대부분 팀 단위로 목표를 세우고 과제를 수행한다. 과제도 부서별로 추진하기보다는 프로젝트 단위로 협업하기 때문에 매트릭스 조직으로 일하는 경우가 많다. 그 어느 때보다 대인관계 역량을 중요시하는 이유다. 단순히 협업 경험이 있다는 이야기는 전달력이 없다. 협업과 관련하여 소재의 제한은 없다. 가능하면 3명 이상, 10명 이하의 인원이 팀으로 공동 프로젝트를 수행한 것이나 팀워크를 발휘한 내용이면 적절하다.

- 협업 내용
- 협업 진행 시 어려웠던 일
- 문제를 해결한 경험
- 문제를 해결하면서 개발하거나 발휘한 역량

LG에너지솔루션의 자기소개서는 각 문항에 1000자 제한을 둔다. 1000자 정도면 주제, 소재, 논거, 결론(포부)까지 다 정리할 수 있는 분량이다. 수미쌍관법(양괄법) 구조로 지원자의 의도가 채용 담당자에게 잘 전달되는 자기소개서를 써보자.

LG에너지솔루션 자기소개서 제시문

1. LG에너지솔루션 및 모집 분야에 지원한 동기를 구체적으로 소개해주세요.

   (Why LG Energy Solution? Guide> 많은 회사/모집 분야 중 LG에너지솔루션의 해당 모집 분야를 선택하신 이유를 구체적으로 기술해주세요.)

2. 지원 분야와 관련된 본인만의 차별화된 강점/역량을 기술하고, 지원 모집 분야에 어떻게 적용을 할 수 있을지 소개해주세요.

   (My Competency Guide> 전공 수업/프로젝트 활동/대외활동 등 지원하신 모집 분야와 관련된 경험/역량 위주로 기술해주세요.)

3. 지금까지 살아오면서 가장 많은 노력을 쏟아부었던 성공 혹은 실패 경험과 그 과정을 통해 무엇을 배웠는지 소개해주세요.

   (My Story Guide> 무엇을 달성하기 위해, 구체적으로 어떻게 노력했으며, 성공/실패 경험이 자신에게 어떤 영향을 주었는지 구체적으로 기술해주시기 바랍니다.)

4
자기소개서 제출 전에 반드시 해야 할 일

기업에 처음으로 나를 알리는 자기소개서는 채용 담당자가 서류를 검토할 때 지원자의 첫인상을 형성하는 자료인 만큼 매우 중요하다. 서류 제출 마감 시간에 쫓기다 보면 마음은 조급해지고 초조해지기도 한다. 작성한 내용을 몇 번씩 반복해서 점검하지만, 미처 오류를 발견하지 못하고 제출하는 일도 종종 발생한다. 제출하고 보니 고쳐야 할 내용이 갑자기 떠오르기도 하지만 이미 제출한 서류를 수정할 방법이 없다.

서두르지 않고 꼼꼼하게 자기소개서를 검토할 수 있는 체크리스트가 있다면 수고를 덜 수 있다. 자기소개서 첨삭을 할 때 공통으로 전달하는 점검 목록을 활용하여 자기소개서의 완성도를 높이기 바란다.

자기소개서 점검 항목

1. 내용

① 쉬운 말로 썼는가?

② 전후 문장과 전후 문단의 맥락이 자연스럽게 연결되는가?

③ 전달하려는 메시지가 구체적이면서 간결하고 명확한가?

④ 답변이 질문의 요지에 적절하게 대응하는 내용인가?

⑤ 필요 없는 정보를 전달하지는 않았는가?

2. 형식

① 답변(주장)은 결론─본론─결론의 방식으로 작성했는가?

② 어법에 맞는 용어, 표현을 사용했는가?

③ 한 문장에 하나의 메시지만 담았는가?

3. 가독성이 떨어지는 이유

① 답변 내용을 구체적으로 설명하지 않고 단순하게 나열만 할 때

② 답변이 단순하지 않고 복잡할 때

③ 기술한 내용이 무엇을 전달하는 것인지 파악하기 힘들 때

④ 맞춤법이 틀릴 때

⑤ 어법에 맞지 않는 표현이 많을 때

※ 글을 쓸 때는 거창하고 추상적인 단어를 쓰지 않는다. 특히 비즈니스
문서를 작성할 때는 구체적이지 않고 모호한 관형어(형용사, 부사 등)를

사용하지 않는다.

예) 획기적인, 압도적인, 오직, 극히, 당연히, 큰, 많이, 쉽게, 어렵게,
반드시, 끈기 있게, 끈질기게, 항상, 꼭, 결과적으로, 열정적으로,
끊임없이, 끈기를 갖고, 열심히, 밤낮으로, 우수하게, 좋게, 무척,
엄청나게, 그냥, 빠른 시일 내에, 최고의, 최상의, 효과적인,
기본적인, 여러 번, 몇 번, 원만하게, 확고히, 안정적으로, 다시 한 번,
매우, 크게, 적게, 다양한, 상당한, 아주 좋은 등

4. 자기소개서를 읽는 고객

자기소개서를 쓰는 주체는 지원자이지만, 자기소개서를 읽고 평가하는 주체는 채용 담당자이다.

① 나는 왜 자기소개서를 쓰는가 → 상대방을 설득해서 내 편으로 만들기 위해 작성
② 자기소개서는 누가 읽는가 → 채용 담당자가 고객

5. 맞춤법 검사하기

부산대 맞춤법 검사(https://speller.cs.pusan.ac.kr/)를 두 번 이상 점검한다.

자기소개서는 케이스 바이 케이스(case by case)로 평가하는 사람에 따라 합격 불합격이 갈릴 수 있다. 보통 수준 이상의 자기소개서를 작성하면 누가 보더라도 합격점을 줄 수 있다. 내용, 형식, 가독성을 고려하면서 자기소개서를 작성하면 서류전형에서 합격할 수 있다.

참고문헌

* 김기주, 《삼성은 독종을 원한다》, 이콘 2014.
* 한국표준협회, 《민간분야 평가위원 Pro 과정》, 2022.

* 공정거래위원회, <2022년도 대기업집단 지정결과>, 2022. 4. 28.
* LG Careers, <LG에너지솔루션 채용 정보>, <LG화학 채용 정보>, 2021, 2022.
* KBS 글로벌 성공시대, <실리콘밸리의 작은 거인, 김태연 회장>, 2012.9. 22.
* 삼성채용 홈페이지, www.samsungcareers.com, 2021, 2022.
* 삼성전자 DS 부문 채용 홈페이지, www.samsung-dsrecruit.com, 2021, 2022.
* 삼성전자 DS 부문, <2022년 하반기 3급 신입사원 채용공고>, 2022. 9.
* 삼성전자 DS 부문, <메모리 사업부 설비기술 직무기술서>, 2022. 9.
* 잡코리아, <금주의 취업뉴스, 대기업이 가장 원하는 인재는?>, 2019. 3. 18.
* 잡코리아, <취업뉴스, 면접 시 첫인상 10분 5초 만에 결정된다!>, 2018. 4. 4.
* 사람인, <기업 5곳, '직무역량' 평가 비중 더 커진다>, 2021. 2. 25.
* SK하이닉스 채용 홈페이지, www.recruit.skhynix.com, 2022.
* 구글, 'Toughest Interview Questions' 검색, 2022.
* 셀트리온 채용 홈페이지, recruit.celltrion.com, 2022.
* 현대자동차그룹 채용 홈페이지, www.hyundai.co.kr/recruit/recruitMain, 2022.
* 롯데그룹 채용 홈페이지, www.recruit.lotte.co.kr, 2022.
* 포스코그룹 채용 홈페이지, www.gorecruit.posco.co.kr, 2022.